Vasari | Leonardo da Vinci

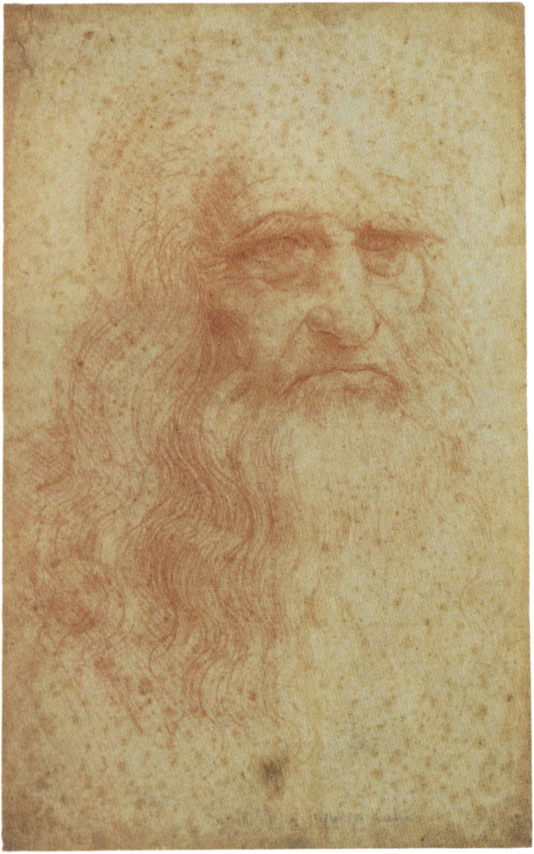

Leonardo da Vinci: Selbstporträt, um 1512
(Turin, Biblioteca Reale)

# Giorgio Vasari
# Das Leben des Leonardo da Vinci

Mit 27 farbigen Abbildungen

Herausgegeben von Roland Kanz

Reclam

Der Text der vorliegenden Ausgabe folgt der Edition von Ludwig Schorn und Ernst Förster; siehe dazu Seite 71 f.

RECLAMS UNIVERSAL-BIBLIOTHEK Nr. 19590
2019 Philipp Reclam jun. GmbH & Co. KG,
Siemensstraße 32, 71254 Ditzingen
Gestaltung: Cornelia Feyll, Friedrich Forssman
Druck und Bindung: Kösel GmbH & Co. KG,
Am Buchweg 1, 87452 Altusried-Krugzell
Printed in Germany 2019

ISBN 978-3-15-019590-1

Auch als E-Book erhältlich

www.reclam.de

## Das Leben des Malers und Bildhauers Leonardo da Vinci aus Florenz

Reiche Gaben sehen wir oft von der Natur mit Hilfe der himmlischen Einflüsse über menschliche Geschöpfe ausgegossen, bisweilen aber vereinigen sich, wie ein überschwengliches und übernatürliches Geschenk, in einem einzigen Körper Schönheit, Liebenswürdigkeit und Kunstgeschick so herrlich, dass jede seiner Handlungen göttlich erscheint, alle andern Sterblichen hinter ihm zurückbleiben und sich deutlich offenbart: was er leiste, sei von Gott gespendet, nicht aber durch menschliche Kunst errungen. Dies erkannte man bei Leonardo da Vinci; sein Körper war mit nie genugsam gepriesener Schönheit geschmückt, er zeigte in allen seinen Handlungen die größte Anmut und besaß ein so vollkommnes Kunstvermögen, dass, wohin sein Geist sich wandte, er das Schwierigste mit Leichtigkeit löste. Seltene Kraft verband sich in ihm mit Gewandtheit, sein Mut und seine Kühnheit waren erhaben und großartig, und der Ruf seines Namens verbreitete sich so weit, dass er nicht nur von der Mitwelt, sondern noch viel mehr von der Nachwelt gepriesen wurde.

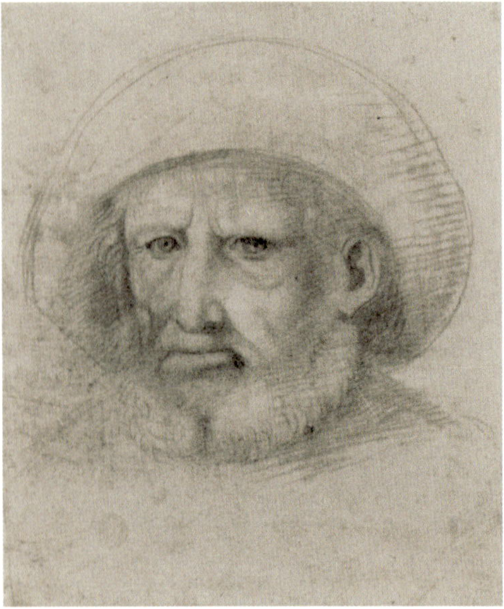

Piero da Vinci. Zeichnung vermutlich von Leonardo da Vinci (Mailand, Biblioteca Ambrosiana)

Wahrhaft bewundernswert und gottbegabt war Leonardo, der Sohn von Ser Piero da Vinci.[1] Er würde in Gelehrsamkeit und Kenntnis der Wissenschaften Großes geleistet haben, wenn er einen minder unbeständigen und wandelbaren Geist gehabt hätte; dies war Ursache, dass er viele Dinge unternahm und, begonnen, wieder liegen ließ. So machte er in der Rechenkunst in wenigen Monaten reißende Fortschritte und trug seinem Meister so vielfache Zweifel und Einwendungen vor, dass er ihn oft in Verwirrung setzte. Auch die Musik begann er zu studieren, entschloss sich aber bald, das Lautenspiel zu lernen, und da sein Sinn erhaben und voll der schönsten Gedanken war, improvisierte er zu diesem Instrument wunderbar schöne Gesänge. Wiewohl er so vielerlei Dinge trieb, unterließ er doch nicht, zu zeichnen und Reliefarbeiten zu verfertigen, eine Beschäftigung, die mehr als jede andere nach seinem Sinn war.

Piero, sein Vater, der dies sah und die Herrlichkeit

1 Leonardo wurde am 15. April 1452 in dem kleinen Dorf Anchiano bei Vinci als uneheliches Kind der Bäuerin Catarina geboren. Sein Vater Piero da Vinci übte seit 1451 den Beruf eines Notars aus (»Ser« war die Anrede für Notare). Im gleichen Jahr heiratete er eine Frau aus einer angesehenen Familie, die Ehe blieb jedoch kinderlos. Als Leonardos Mutter 1457 einen Bauern heiratete, nahm Ser Piero seinen Sohn Leonardo zu sich.

dieses Geistes erkannte, nahm eines Tages mehrere seiner Zeichnungen und brachte sie seinem Freunde Andrea del Verrocchio, mit der dringenden Bitte, ihm zu sagen: ob Leonardo, wenn er sich der Zeichenkunst widme, es darin zu etwas bringen könne. Andrea erstaunte über die außerordentlichen Anfänge des Knaben und ermunterte Piero, ihn diesen Beruf wählen zu lassen, worauf jener den Leonardo nach der Werkstatt des Andrea sandte.[2]

Der Knabe trat hier mit großer Freude ein und übte nicht nur einen Beruf, sondern alle, welche dem Gebiet der Zeichenkunst angehören. Er hatte einen so göttlichen und wunderbaren Verstand, dass er ein trefflicher Geometer wurde und nicht nur in der Skulptur arbeitete, indem er in seiner Jugend einige lachende weibliche Köpfe aus Erde formte, die in Gips vervielfältigt wurden, und einige Kinderköpfe, so schön, als ob sie von Meisterhand gebildet wären, sondern dass er auch in der Baukunst viele Zeichnungen zu Grundrissen und Gebäuden entwarf, und

2 Leonardo kam 1469 mit seinem Vater nach Florenz, wo dieser als Notar für die Signoria, die Stadtregierung, tätig war. 1472, im Alter von 20 Jahren, war Leonardo in der Lukasgilde eingeschrieben: »Leonardo di Ser Piero da Vinci dipintore«. Wann genau Leonardo in die Werkstatt Verrocchios eintrat, ist nicht bekannt, jedenfalls ist er 1476 noch als Mitarbeiter dokumentiert.

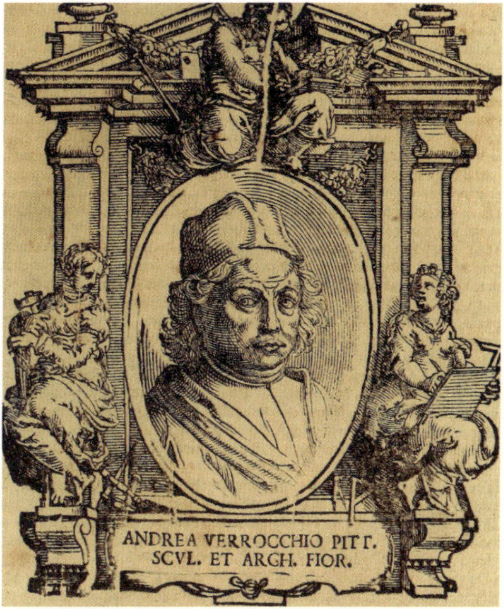


Andrea del Verrocchio. Holzschnitt aus Vasaris *Vite*

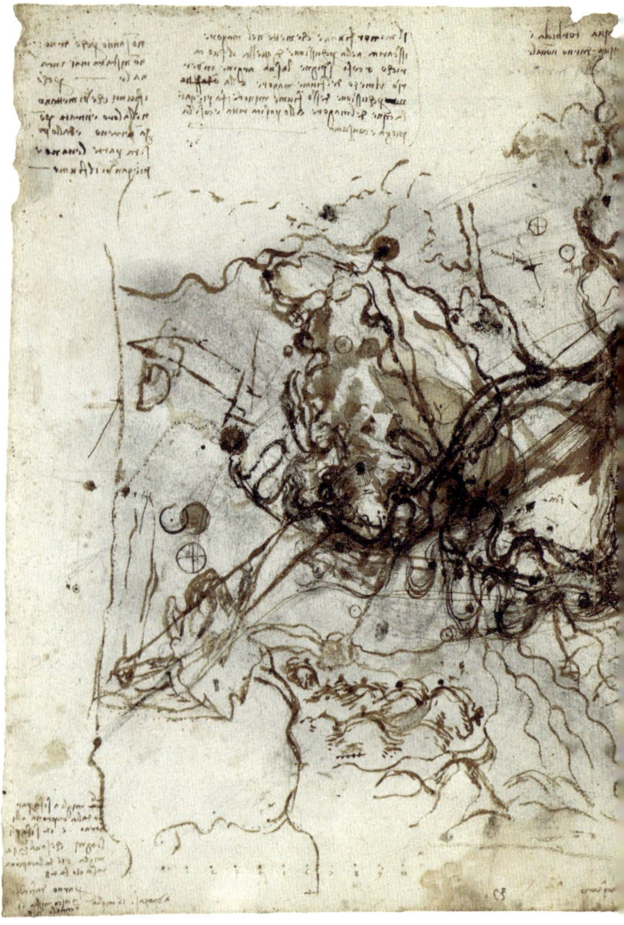

Entwurf für einen Arno-Kanal (Windsor Castle, Royal Library)

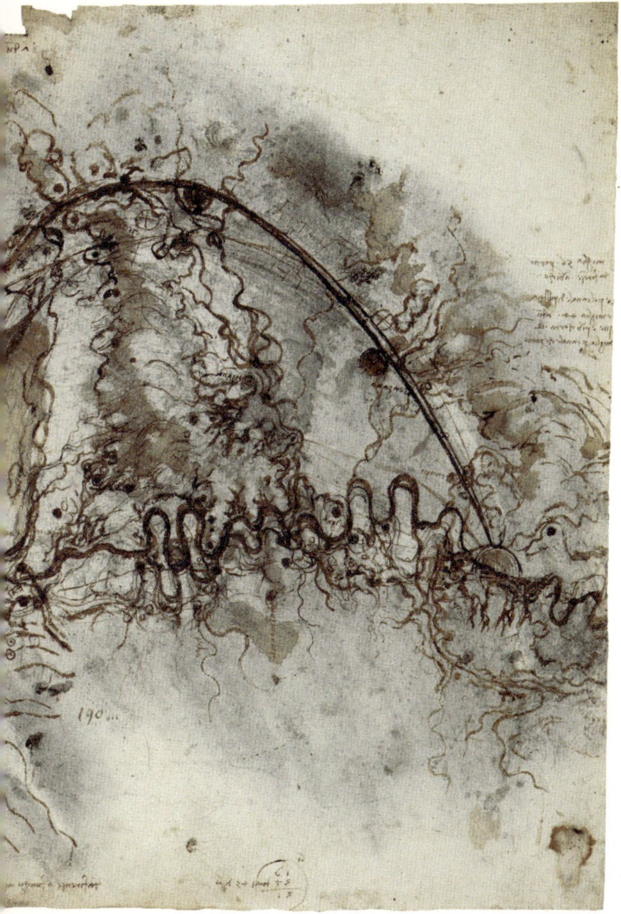

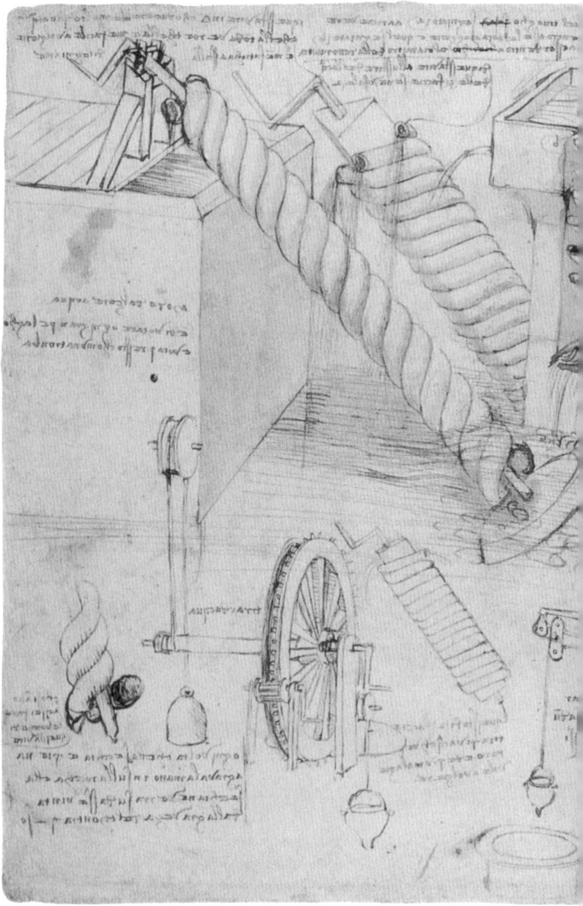

Hydrotechnische Studien (Mailand, Biblioteca Ambrosiana)

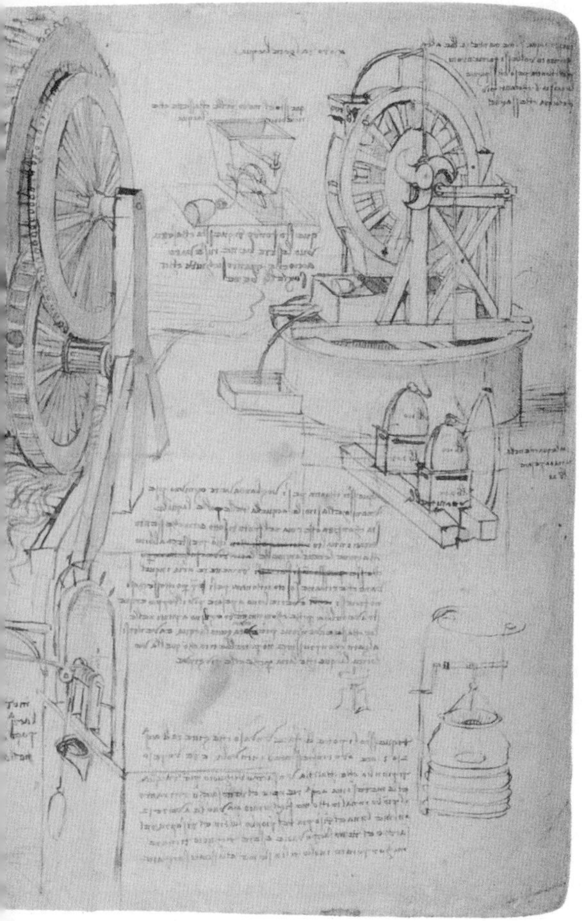

obwohl noch jung, doch der Erste war, welcher Vorschläge machte, den Arnofluss in einen Kanal von Florenz bis Pisa zu fassen.[3] Von ihm sind verschiedene Zeichnungen zu Mühlen, Walkmühlen und andern Maschinen, welche durch Wasser getrieben werden, und da er die Malerei zu seinem eigentlichen Beruf wählte, übte er sich viel im Zeichnen nach der Natur. Bisweilen formte er Modelle verschiedener Figuren in Erde, legte darüber weiche Lappen in Gips getaucht und bemühte sich mit äußerster Geduld, sie auf ganz feine oder schon gebrauchte Leinwand nachzuzeichnen, indem er sie schwarz und weiß mit der Spitze des Pinsels bewunderungswürdig schön ausführte, wie noch jetzt einige davon beweisen, die sich in unserem Zeichenbuch finden.[4]

Auf Papier zeichnete er so fleißig und sauber, dass

3 Das Projekt fällt in die Jahre 1503/04, als Florenz mit Pisa Krieg führte. Leonardo, vorher schon vielfach mit Kanalisierungs- und Entwässerungsprojekten befasst, unterbreitete der republikanischen Signoria den Vorschlag, durch einen Kanal den Arno umzuleiten, um Pisa die Lebensader auszutrocknen. Der Plan wurde angenommen, doch die rasche Einsicht in die Undurchführbarkeit führte zur Einstellung der Arbeiten im Oktober 1504. Zeichnungen dazu haben sich im Codex II Madrid erhalten.

4 Es handelt sich um Vasaris berühmtes *Libro del disegno*, worin er systematisch Zeichnungen bedeutender Künstler sammelte.

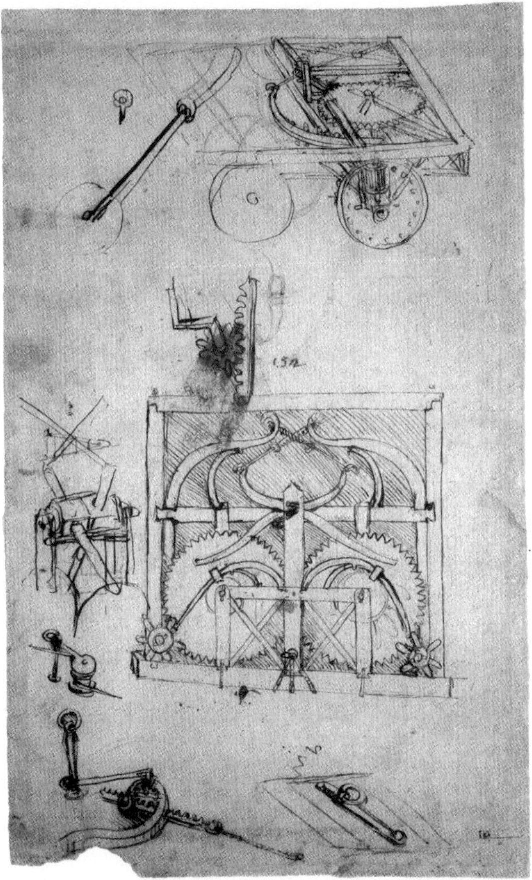

Studien zur Mechanik (Mailand, Biblioteca Ambrosiana)

keiner ihn hierin je an Zartheit erreicht hat; ich besitze von ihm einen Kopf mit Kreide und in Helldunkel ausgeführt, der unvergleichlich ist. Gott hatte über diesen Geist eine solche Anmut ausgegossen, hatte ihm eine so außerordentliche Darstellungsgabe bei so klarem Verstand zugesellt, sein Gedächtnis kam ihm überall so sehr zu Hilfe und vermochte in Zeichnungen seine Gedanken so deutlich kundzutun, dass er im Stande war, jeden noch so kräftigen Geist durch seine Reden zu besiegen und durch seine Gründe zu verwirren.

Täglich verfertigte er Modelle und Zeichnungen, wie man mit Leichtigkeit Berge abtragen und durchbrechen könne, um von einer Ebne zur andern zu gelangen; wie mit Winden, Haspen und Schrauben große Lasten aufzuziehen wären, in welcher Weise man Seehäfen reinigen und durch Pumpen Wasser aus tiefen Gegenden heraufholen könne. Solchen schwierigen Dingen sann er ohne Unterlass nach, und es finden sich von diesen Gedanken und Bemühungen eine Menge Zeichnungen, deren ich viele gesehen habe.[5] Außerdem verlor er manche Zeit, indem er sogar ein Schnurgeflechte zeichnete, worin man den Faden von einem Ende bis zum andern ver-

5 Ein Großteil der technischen Zeichnungen bewahrt der *Codex Atlanticus* in der Biblioteca Ambrosiana in Mailand.

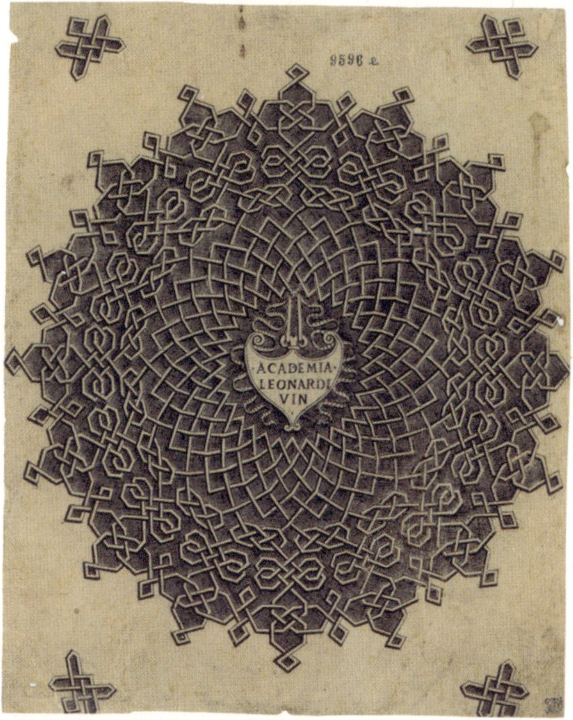


Der sogenannte Da-Vinci-Knoten. Kupferstich von unbekannter Hand nach Leonardo da Vinci, um 1495–98 (Mailand, Biblioteca Ambrosiana)

folgen konnte, bis er eine völlig kreisförmige Figur beschrieb; eine sehr schwierige und schöne Zeichnung der Art ist in Kupfer gestochen, in deren Mitte man die Worte liest: Leonardus Vinci Academia.

Unter diesen Modellen und Zeichnungen war eines, durch welches er mehreren geistreichen Bürgern, die damals die Regierung der Stadt Florenz verwalteten, darzutun suchte, wie er die Kirche San Giovanni in Florenz erhöhen und ihr Treppen unterschieben wolle, ohne sie zu zerstören; er überredete sie dabei mit so starken Gründen, dass ihnen die Sache glaublich schien, obgleich jeder, wenn er fort war, für sich allein die Unmöglichkeit eines solchen Unternehmens einsah.

In der Unterhaltung war Leonardo so angenehm, dass die Menschen sich zu ihm hingezogen fühlten, und obgleich er fast nichts besaß und wenig arbeitete, hielt er sich doch immer Diener und Pferde, an welchen letzteren er großes Ergötzen fand; mehr noch vergnügte er sich an anderen Tieren und behandelte sie mit großer Liebe und Geduld. Oft, wenn er an Plätzen vorbeiging, wo Vögel verkauft wurden, nahm er sie aus ihrem Käfig, zahlte den geforderten Preis und ließ sie davonfliegen, um ihnen die verlorne Freiheit wiederzugeben. Dagegen war die Natur ihm so günstig, dass, wo er Gedanken, Sinn und Verstand hinwendete, sich eine göttliche Kraft in ihm zeigte,

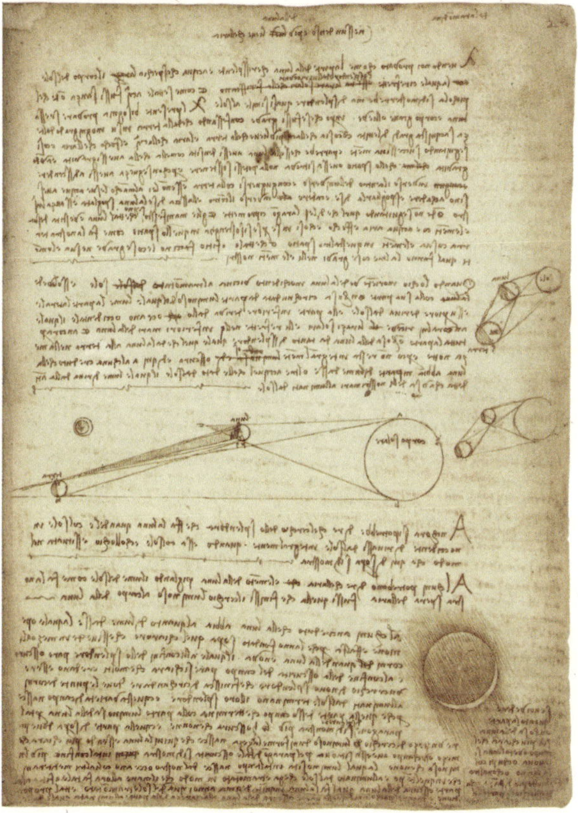

Astronomische Studien zum Licht des Mondes (Codex Leicester)

und nie kam ein anderer ihm in dem Vermögen gleich, seinen Sachen durch Bestimmtheit, Lebendigkeit, Güte, Lieblichkeit und Grazie die letzte Vollendung zu geben.

Leonardo unternahm vielerlei zum Verständnis der Kunst, beendete aber nichts; es schien ihm, die Hand könne der Vollkommenheit, die er mit dem Gedanken erfasste, nichts mehr hinzufügen, zumal er sich in der Idee einige feine, wunderbare Schwierigkeiten zu schaffen pflegte, welche die geschicktesten Hände nicht auszuführen vermocht hätten. Seine Einfälle waren so vielfach, dass er auch über Naturgegenstände philosophierte, die Beschaffenheit der Kräuter kennenzulernen suchte, und die Bewegung der Gestirne, des Mondes und der Sonne beobachtete.

Er kam, wie ich vorne schon sagte, in seiner Kindheit durch Ser Piero, seinen Vater, zu Andrea del Verrocchio in die Lehre. Dieser arbeitete an einer Tafel, wie St. Johannes Christus tauft, und Leonardo malte darin einen Engel, der einige Gewänder hält;[6] obwohl sehr jung noch, führte er doch diese Gestalt so vollkommen zu Ende, dass sie ein besseres An-

6 Das Gemälde (1472–75, Florenz, Uffizien) ist eine Gemeinschaftsarbeit von Verrocchio und Leonardo. Von Leonardo stammt der linke Engel, die Zuschreibung der Fernlandschaft wird diskutiert.

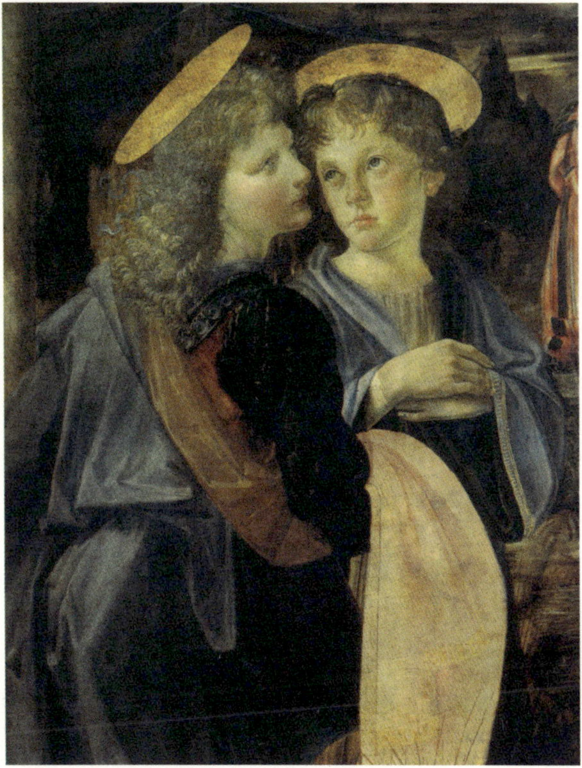

Andrea del Verrocchio: Die Taufe Christi, um 1472–75.
Ausschnitt mit den beiden Engeln, der linke stammt von Leonardo (Florenz, Uffizien)

sehen gewann als die Figuren seines Meisters, und Andrea, ungeduldig, dass ein Kind mehr wisse als er, mochte von der Zeit an nicht mehr mit Farben umgehen.[7]

Man gab Leonardo Auftrag, den Karton zu einem Türvorhang zu entwerfen, der in Gold und Seide in Flandern gewebt und dem König von Portugal geschickt werden sollte.[8] Er stellte darin, der Bestimmung gemäß, den Sündenfall Adams und Evas dar und arbeitete mit dem Pinsel in Hell und Dunkel mit Bleiweiß gehöht eine Wiese mit unzähligen Kräutern und einigen Tieren, so fleißig und natürlich, dass man wahrhaft sagen konnte, kein göttlicher Geist hätte es treuer und natürlicher zu bilden vermocht. Den Feigenbaum, die Verkürzungen der Blätter und die Aufsichten der Zweige sieht man mit so großer Liebe ausgeführt, dass man sich kaum vorstellen kann, wie ein Mensch so viel Geduld haben könne; auch eine Palme ist darin, an welcher die Rundungen der Fächer bewundernswert und mit einer Kunst

7 Das malerische Œuvre von Verrocchio ist klein. Vasaris Behauptung, Verrocchio hätte nach der *Taufe* angesichts Leonardos Fähigkeiten das Malen aufgegeben, stimmt jedoch nicht, denn auch später noch lassen sich Gemälde für Verrocchio nachweisen.

8 Dieses Werk ist heute nicht mehr bekannt, wird aber auch andernorts erwähnt (z. B. Anonimo Magliabechiano, s. dazu das Nachwort).

vollendet sind, wie es nur der Geduld und dem Geiste Leonardos erreichbar war; das Werk kam jedoch nicht zur Ausführung, und der Karton dazu wird heutigen Tages in dem beglückten Hause des glorreichen Ottaviano von Medici aufbewahrt, der ihn vor wenigen Jahren von Leonardos Oheim zum Geschenk erhalten hat.

Man erzählt sich: Ein Bauer, welcher Ser Piero da Vinci, den Vater Leonardos, öfter auf seiner Villa besuchte, habe ihm einstmals einen runden, von ihm selbst aus einem Feigenbaum des Gütchens gearbeiteten Schild gebracht und Ser Piero gebeten, zu Florenz irgendetwas auf diesen Schild malen zu lassen; jener tat es gerne, weil der Bauer im Vogel- und Fischfang viel Übung besaß und Ser Piero sich oftmals bei diesen Dingen seiner Hilfe bediente. Er ließ den Schild nach Florenz bringen, gab ihn Leonardo, ohne zu sagen, wem er gehöre, und bat ihn, er möge etwas darauf malen. Dieser nahm den Schild eines Tages vor, sah, dass er krumm, schlecht und plump gearbeitet war, bog ihn am Feuer zurecht und ließ endlich durch einen Drechsler aus diesem ungeschickten Werk ein feines und gleichmäßiges formen. Darauf grundierte er ihn mit Gips, bereitete ihn nach seiner Weise zu und fing an nachzusinnen, was er wohl darauf malen könne, um den, der sich ihm entgegenstellte, zu erschrecken und dieselbe Wirkung hervorzubringen, wie man ehedem vom Haupt der Medusa erzählt.

Zu diesem Zweck brachte er nach einem Zimmer, welches er allein betrat, Eidechsen, Grillen, Schlangen, Schmetterlinge, Heuschrecken, Fledermäuse und andere seltsame Tiere dieser Art und erbaute aus diesem wunderlichen Haufen durch verschiedenartige Zusammenstellung ein grässliches und erschreckliches Untier, gab ihm einen vergifteten Atem und einen feurigen Dunstkreis und ließ es aus einem dunkeln zerschmetterten Felsen hervorkommen, Gift aus dem offenen Rachen, Feuer aus den Augen und Rauch aus den Nüstern sprühen, so wunderbar, dass es fürwahr ungeheuerlich und schrecklich erschien; auch wandte er bei der Arbeit so viel Mühe auf, dass er aus übergroßem Eifer für die Kunst gar nicht merkte, welch unerträglichen Geruch die gestorbenen Tiere im Zimmer verbreiteten; als das Werk vollendet war, dem weder der Bauer noch der Vater mehr nachfragten, forderte Leonardo diesen auf, den Schild bei Gelegenheit holen zu lassen; was ihn anlange, so sei er damit zu Ende.

Ser Piero begab sich deshalb eines Morgens nach der Wohnung des Sohnes; er pochte an die Türe, Leonardo öffnete und bat ihn, ein wenig zu warten; nach dem Zimmer zurückgeeilt, stellte er den Schild im rechten Lichte auf die Staffelei, ließ zu dem Fenster nur einen matten Schein hereinfallen und rief den Vater, damit er das Werk schaue. Ser Piero versah sich im ersten Augenblick der Sache nicht, und nicht ahnend, dass er einen Schild oder ein gemaltes Untier vor Augen habe, fuhr er zurück; Leonardo aber hielt ihn und sprach: »Dies Werk ist brauchbar für den Zweck, für welchen es gearbeitet wurde, nehmt es und tragt es fort, dies ist die Wirkung, die man vom Kunstwerk erwartet.« Dem Vater schien die Sache mehr als wunderbar, er lobte die seltsamen Gedanken Leonardos, kaufte einen andern Schild, worauf ein von einem Pfeil durchschossenes Herz gemalt war, und gab ihn dem Bauern, der sich ihm dafür zeitlebens verpflichtet hielt; den Schild Leonardos dagegen verhandelte er, ohne es zu sagen, für hundert Dukaten an Kaufleute in Florenz, durch welche derselbe bald in Besitz des Herzogs von Mailand gelangte, der dreihundert Dukaten dafür zahlte.[9]

Hierauf malte Leonardo ein treffliches Bild der Madonna, welches bei Clemens VII. aufbewahrt wurde; man sah darin unter den umgebenden Gegenständen eine Wasserkaraffe mit einigen Blumen bewundernswert natürlich nachgebildet, sogar die Tautrop-

9 Der Schild, wenn er je existiert hat, da nur Vasari ihn erwähnt, ist nicht mehr bekannt.

fen auf den Blättern so treu, als ob man sie in der Wirklichkeit schaute.[10] Für Antonio Segni,[11] seinen Freund, zeichnete er auf ein Blatt mit größtem Fleiß einen Neptun auf seinem Wagen, der auf stürmendem Meere von Seepferden gezogen wird; gespenstische Erscheinungen, mächtige Seetiere, die Winde und einige schöne Meeresgötter umgeben ihn. Fabio, der Sohn Antonios, schenkte diese Zeichnung Herrn Giovanni Gaddi mit folgendem Epigramm:

Pinxit Virgilius Neptunum: pinxit Homerus
Dum maris undisoni per vada flectit equos.
Mente quidem vates illum conspexit uterque,
Vincius ast oculis; iureque vincit cos.

Beiden, Homer und Virgil, erschien der Gott der Gewässer
Durch die brausende Flut lenkend der Rosse Gespann,

10 Umstritten ist, ob es sich bei diesem Bild um die *Madonna mit der Blumenvase* der Münchner Alten Pinakothek handelt, deren mittlere Datierung um 1475 liegt.

11 Antonio Segni war ein enger Freund Leonardos. Botticelli malte für ihn die *Verleumdung des Apelles* (Florenz, Uffizien). Die Zeichnung des Neptun ist verloren, doch existieren noch zwei Vorstudien in der Royal Library, Windsor.

Doch nur mit Geistes Blick erschaut' ihn jeglicher
Sänger,
Vinci tat's mit dem Aug; ist er nicht größer als sie?

Auch kam Leonardo der Gedanke, in einem Ölbilde das Haupt der Medusa zu malen mit einem Haarschmuck von ineinandergeflochtenen Schlangen, nach der wunderbarsten Erfindung, die man sich nur denken kann; da dies Werk aber Zeit forderte, ließ er es unvollendet liegen, wie meist mit seinen Arbeiten geschah.[12] Es gehört zu den herrlichen Kunstschätzen im Palast des Herzogs Cosimo, und das Gegenstück dazu ist das Brustbild eines Engels mit erhobenem Arm, der von der Schulter bis zum Daumen verkürzt gezeichnet ist, so dass er ihn nach vorne streckt, während er die Hand des andern Armes auf die Brust legt.[13]

Bewundernswert ist, wie dieser Geist, aus Verlangen, den Gegenständen Rundung zu geben, eifrig trachtete, neben dunkeln Schatten den Grundton der

12 Leonardos *Haupt der Medusa* ist verschollen. Förster/Schorn sowie zahlreiche Gelehrte des 19. Jh.s hielten ein Gemälde in der Galleria Palatina des Palazzo Pitti, Florenz, für das Original, das jedoch später als flämisch erkannt wurde.

13 Das Bild ist verschollen, lässt sich jedoch durch eine Zeichnung auf Folio 12328$^{r}$ der Royal Library in Windsor Castle erschließen. Mehrere Kopien nach Leonardos Original sind überliefert.

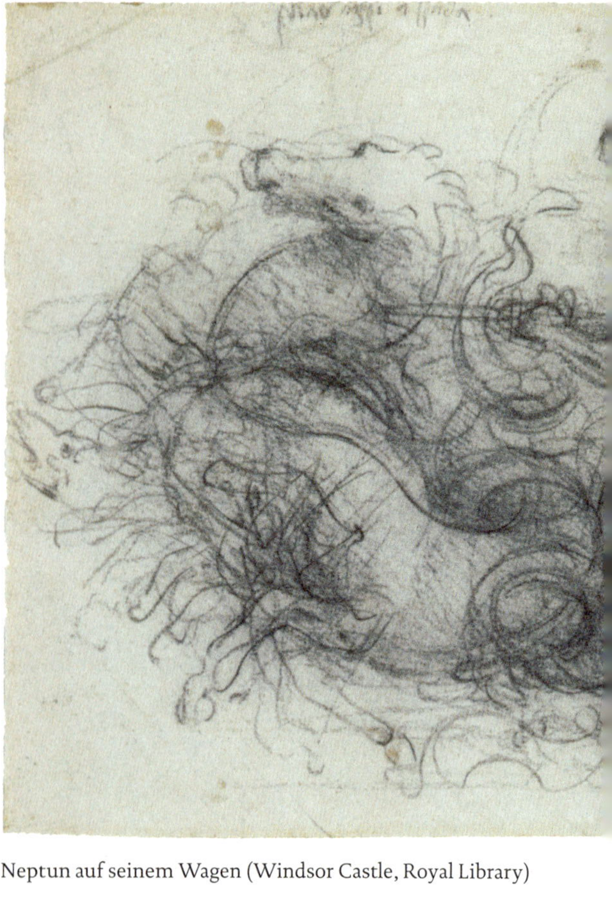

Neptun auf seinem Wagen (Windsor Castle, Royal Library)

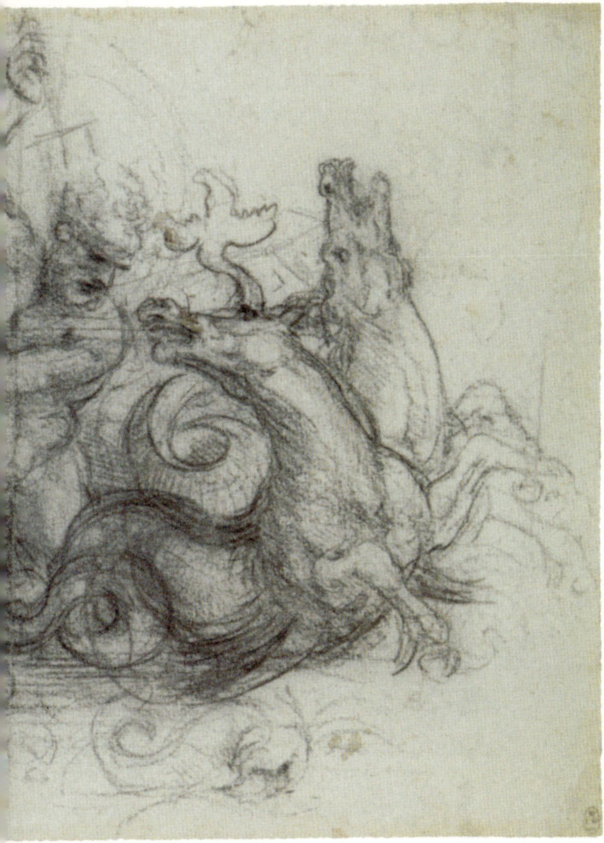

noch dunkleren aufzufinden, wie er nach einem Schwarz suchte, welches schwärzer als die übrigen zu deren Schattierung geeignet wäre und durch welches die Lichter noch glänzender erschienen, bis er endlich jene ganz dunkeln Tinten entdeckte, in welchen gar kein Licht mehr ist, besser geeignet, die Nacht als den schwächsten Schein des Tageslichtes nachzubilden; dies alles aber geschah, um den Gegenständen mehr Rundung zu geben und die Kunst zur letzten Vollendung zu führen.

Es machte ihm sonderliches Vergnügen, wenn er Menschen mit ungewöhnlichen Gesichtszügen, Bärten oder Haarschmuck begegnete; wer ihm gefiel, dem hätte er einen ganzen Tag nachgehen können, und seine Gestalt prägte sich ihm also ein, dass er, zu Hause angelangt, sie zeichnete, als ob sie vor ihm stünde. In dieser Weise hat er viele männliche und weibliche Köpfe ausgeführt, und ich besitze in meiner oft erwähnten Sammlung von Handzeichnungen verschiedene mit der Feder von ihm gezeichnet, darunter das Bildnis des Amerigo Vespucci, einen schönen alten Kopf, mit der Kohle schattiert, und den Zigeunerhauptmann Scaramuccia, welchen Gianbullari an Domenico Valdambrini aus Arezzo, Canonicus von S. Lorenzo, überlassen hatte.

Eine Tafel mit der Anbetung der Könige wurde von diesem Meister angefangen; es ist viel Schönes darin,

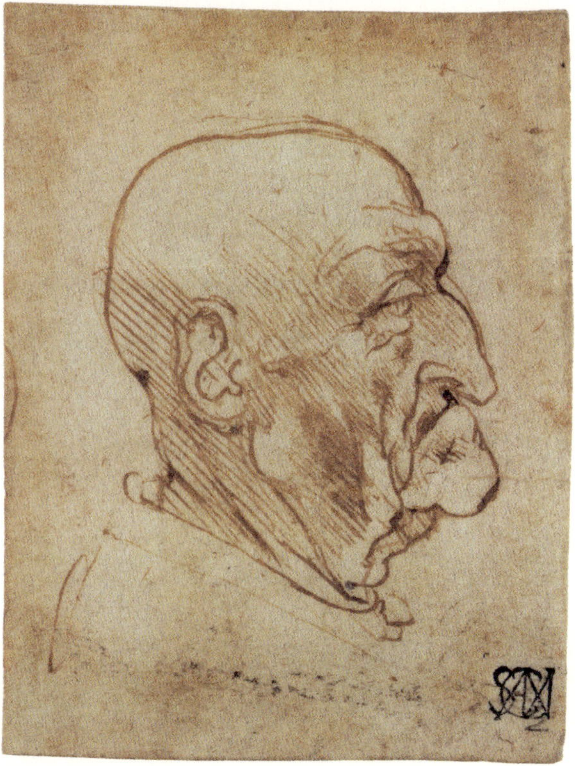

Profilstudie eines Kopfes, um 1490 (Mailand, Biblioteca Ambrosiana)

besonders an Köpfen; sie stand im Hause von Amerigo Benci, der Loge der Peruzzi gegenüber, blieb aber unvollendet, wie seine andern Arbeiten.[14]

Im Jahre 1494 war Giovan Galeazzo, Herzog von Mailand,[15] gestorben und Lodovico Sforza[16] als Nachfolger erwählt. Dieser fand großes Vergnügen am Lautenspiel, deshalb wurde Leonardo ehrenvoll zu ihm berufen.[17] Er nahm sein Instrument mit, das er selbst fast ganz aus Silber in Form eines Pferdekopfs

14 Die im März 1481 in Auftrag gegebene *Anbetung der Könige* (Florenz, Uffizien) malte Leonardo für die Mönche von S. Donato in Scopeto. Am 28. September 1481 datiert die letzte Zahlung an Leonardo. Durch die Übersiedlung nach Mailand (1482) ließ Leonardo das Bild unvollendet zurück, die Mönche bestellten später bei Filippino Lippi ein neues Werk gleicher Thematik.

15 Gian Galeazzo Maria Sforza, Herzog von Mailand 1476–94, wurde noch zu Lebzeiten von Lodovico il Moro entmachtet.

16 Lodovico Sforza, gen. il Moro, Neffe und Nachfolger von Gian Galeazzo Sforza, Leonardos großem Mäzen, regierte als Herzog offiziell in Mailand 1494–99, hatte jedoch schon Jahre vorher de facto die Macht inne. Er wurde vom französischen König aus Mailand vertrieben, konnte 1500 für ein kurzes Intermezzo zurückkehren, musste sich jedoch abermals den Franzosen beugen und lebte seine letzten Jahre in der Verbannung.

17 Leonardo, berühmt für seine musikalischen Darbietungen, hatte an Lodovico il Moro ein Bewerbungsschreiben gerichtet, worin er auch seine Fähigkeiten als Ingenieur hervorhebt. Daraufhin wurde er 1482 von Lodovico nach Mailand berufen.

verfertigt hatte, eine seltsame und neue Gestalt, berechnet, dem Klang mehr Stärke und Wohllaut zu geben. Dadurch übertraf er alle Musiker, welche nach Mailand gekommen waren, sich hören zu lassen. Außerdem war er zu seiner Zeit der Beste unter denen, die in Reimen improvisierten. Der Herzog, durch die bewundernswerten Reden Leonardos erfreut, verliebte sich in seine Talente so sehr, dass es fast unglaublich war; er bewog ihn durch Bitten, eine Altartafel zu malen, eine Geburt Christi, die als Geschenk von dem Herzog an den Kaiser gesandt wurde.[18]

Für die Dominikanermönche in Santa Maria delle Grazie zu Mailand malte er ein Abendmahl von seltener und wunderbarer Trefflichkeit.[19] Den Köpfen der Apostel gab er so viel Majestät und Schönheit, dass er das Haupt des Heilands unausgeführt ließ, überzeugt, er vermöge nicht, ihm jene Göttlichkeit zu verleihen, welche für ein Bild Christi erforderlich sei. Das Werk verblieb so, gleich als ob es vollendet wäre;

18 Dieses Bild ist verschollen.

19 Das *Abendmahl* Leonardos befindet sich im Refektorium des Klosters S. Maria delle Grazie in Mailand. Vollendet 1497 und in der ungewöhnlichen Technik von Öl auf Putz ausgeführt, so dass das Werk schon im 16. Jh. in schlechtem Zustand war. Nach systematischen Untersuchungen zum Mikroklima ab 1977 wurde das *Abendmahl* von 1984 bis 1999 einer umfassenden Restaurierung und Konservierung unterzogen.

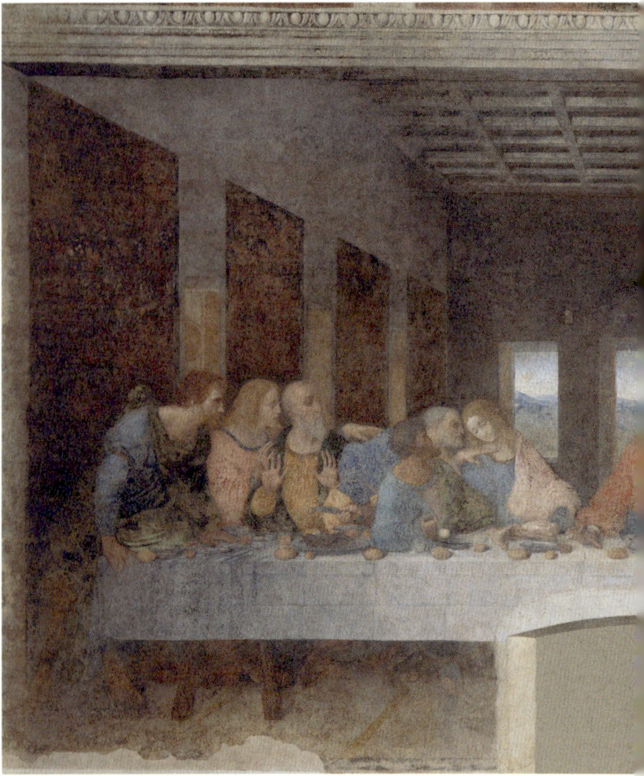

Das Abendmahl, 1494–97 (Mailand, Santa Maria delle Grazie)

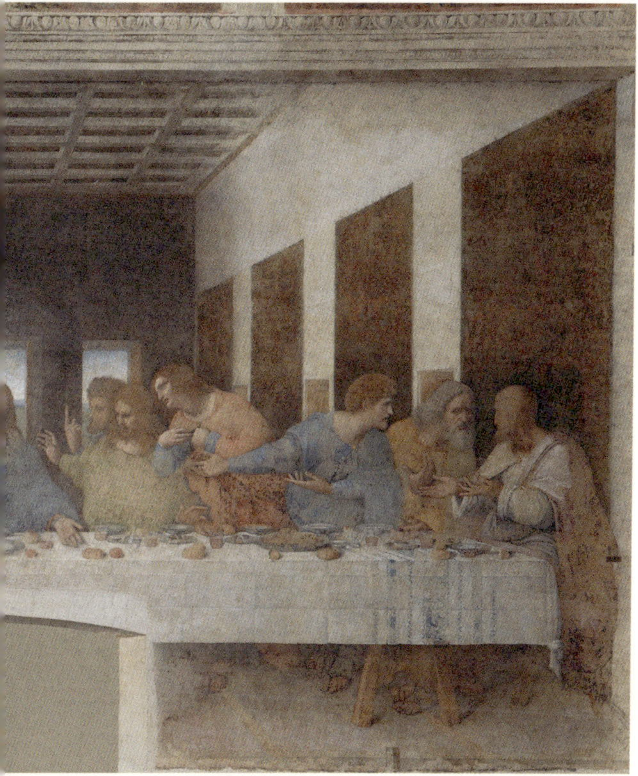

und ist immerdar von den Mailändern wie von Fremden hoch gepriesen worden. Leonardo war darin aufs Beste gelungen, den Argwohn auszudrücken, der die Gemüter der Apostel erfasst hat und sie verlangen macht, zu wissen, wer den Meister verraten habe; aus den Angesichtern aller spricht Liebe, Furcht und Zorn oder auch der Schmerz, dass sie den Sinn der Rede Jesu nicht verstehen, und dies setzt nicht minder in Verwunderung, als der Trotz, Hass und Verrat, den man in Judas erkennt. Zu dem allen sind die geringsten Einzelheiten des ganzen Werkes mit unglaublichem Fleiße gearbeitet, sogar das Gewebe des Tischtuches, wie man es im feinsten Leinenzeug nicht besser sehen könnte.

Man sagt, der Prior des Klosters habe Leonardo sehr ungestüm angetrieben, das Werk zu vollenden. Ihm schien es seltsam, den Künstler bisweilen einen halben Tag in Betrachtung verloren zu sehen; es wäre ihm lieb gewesen, wenn er gleich Arbeitern, die den Garten umhacken, den Pinsel niemals aus der Hand gelegt hätte. Dies war aber nicht genug, er beschwerte sich auch gegenüber dem Herzog und drängte diesen so lange, bis dieser sich gezwungen sah, Leonardo rufen zu lassen. Mit guter Art bat er ihn, er möge die Arbeit fördern, und versicherte, er tue dies nur auf lästiges Ansuchen des Priors.

Leonardo kannte den klaren Verstand und die Billigkeit des Fürsten, deshalb entschloss er sich, mit ihm über die Sache zu reden, was er bei dem Prior nie getan hatte. Er äußerte sich weitläufig über die Kunst und machte anschaulich, dass erhabne Geister bisweilen am meisten schaffen, wenn sie am wenigsten arbeiten, nämlich in der Zeit, wo sie erfinden und vollkommne Ideen ausbilden, welche der Verstand erfasst und die Hände darstellen. Zwei Köpfe, fügte er hinzu, wären es, die ihm noch fehlten, der des Erlösers, nach welchem er nicht auf Erden suchen wolle und von dem er nicht glaube, dass er seiner Phantasie in jener Schönheit und himmlischen Anmut vorschweben könne, welche die menschgewordene Gottheit umkleiden müsse; der andere sei der des Judas. Ihm scheine unmöglich, passende Gesichtszüge für jenen Jünger zu erfinden, dessen trotziger Geist nach so vielfach empfangenen Wohltaten des Entschlusses fähig gewesen, seinen Meister, den Erretter der Welt, zu verraten; nach diesem letztern indes wolle er suchen und finde er ihn nicht, so bleibe ihm der des lästigen und unbescheidenen Priors gewiss.[20]

Dies brachte den Herzog sehr zum Lachen; er gab Leonardo tausendmal recht, und der arme Prior, in

20 Eine ähnliche Anekdote berichtet Vasari über Michelangelos Wiedergabe des päpstlichen Zeremonienmeisters Biagio da Cesena als Minos im *Jüngsten Gericht* der Sixtinischen Kapelle (Schorn/Förster, Bd. 5, S. 347).

Verwirrung geraten, befleißigte sich, die Arbeiten im Garten zu betreiben, den Künstler aber ließ er in Frieden, und dieser führte den Kopf des Judas so trefflich zu Ende, dass er das wahre Bild des Verrates und der Unmenschlichkeit ist; das Haupt Christi dagegen blieb unvollendet, wie ich schon oben sagte.

Die Herrlichkeit dieses Gemäldes, in Komposition wie in fleißiger Ausführung, erweckte dem König von Frankreich[21] Verlangen, es nach seinem Reiche bringen zu lassen; er suchte auf alle Weise nach Baumeistern, die es mit Holzbalken und Eisen fest genug zu binden vermöchten, damit man es unbeschädigt fortbringen könne. Der möglichen Kosten achtete er nicht, so groß war sein Verlangen danach; weil es jedoch auf die Mauer gemalt war, verging Sr. Majestät die Lust dazu, und es blieb den Mailändern.

In der Zeit, als Leonardo das Bild vom Abendmahl unter Händen hatte, malte er in demselben Refektorium an der Wand gegenüber, wo eine Passion Christi nach alter Manier dargestellt ist,[22] den oben genannten Lodovico, neben ihm Maximilian, seinen

21 Hier müsste es sich um Ludwig XII. handeln, der 1498 Nachfolger von Karl VIII. wurde und Mailand 1499–1512 besetzte, falls nicht ein chronologischer Irrtum Vasaris vorliegt und Franz I. gemeint ist, der 1515 in Mailand einzog.

22 Das Wandfresko (1495) stammt von Montorfano und zeigt eine Kreuzigung Christi.

Erstgebornen, auf der andern Seite die Herzogin Beatrice mit Francesco, ihrem zweiten Sohn, beide nachmals Herzoge von Mailand; dies sind wunderschöne Bildnisse.[23]

Noch war er damit beschäftigt, als er dem Herzog den Vorschlag machte, ein Pferd in Bronze, von erstaunenswürdiger Größe, verfertigen und darauf den verstorbenen Herzog zum Andenken darstellen zu lassen.[24] Er begann und vollendete das Modell, aber in einer solchen Größe, dass es niemals ausgeführt werden konnte, und wie oftmals Neid die Menschen zu boshaftem Urteil bewegt, gab es mehrere, welche meinten, Leonardo habe es gleich anderen seiner Arbeiten begonnen, damit es nicht vollendet werde. Seine Größe war Ursache, dass unglaubliche Schwierigkeiten sich zeigten, als es in einem Stück gegossen

23 Diese Notiz nicht in der Torrentiniana (1550). Lodovicos Frau Beatrice d'Este starb 1497, das Bildnis ist postum. Ercole Massimiliano Sforza, Herzog von Mailand 1512–15, Francesco II. Sforza, Herzog von Mailand 1521–24. Aufgrund von Untersuchungen der Sinopien muss die Autorschaft Leonardos abgelehnt werden.

24 An dem Projekt des Reiterstandbildes zum Andenken an den großen Condottiere Francesco Sforza arbeitete Leonardo vorwiegend 1490–93 und schuf nach langer Planung ein Tonmodell im Maßstab 1:1 (Höhe etwa 7,20 m), das als Wunderwerk bestaunt wurde. Es kam jedoch nie zum Guss dieses Standbilds, und das Modell wurde in den Kriegswirren der folgenden Jahre zerstört.

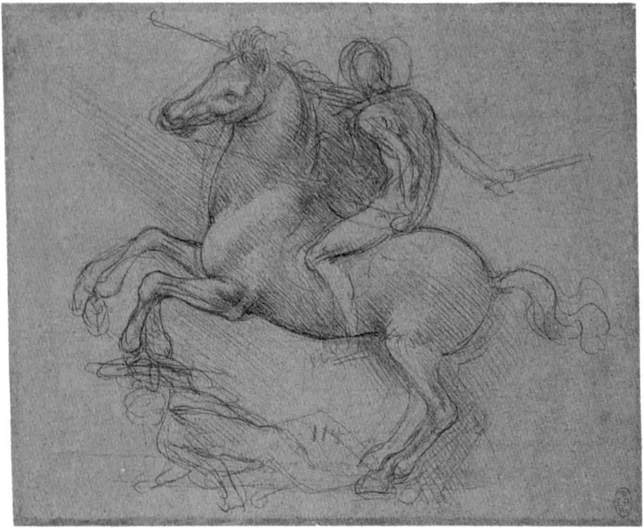

Entwurf für das Sforza-Denkmal, 1488/89 (Windsor Castle, Royal Library)

werden sollte, und man könnte wohl auch glauben, der Erfolg habe einigen Menschen jenen Gedanken eingegeben, da sehr viele seiner Arbeiten nicht zum Schluss kamen. Doch wie dem sei, der Wahrheit gemäß ist anzunehmen, dass sein erhabner herrlicher Geist durch allzu großes Streben gehindert wurde, dass sein Trachten, Trefflichkeit über Trefflichkeit und Vollkommenheit über Vollkommenheit zu erringen, die Schuld davon trug, und wie Petrarca sagt: Verlangen das Werk hemmte.

Wer das von Leonardo in Ton ausgeführte große Modell jenes Denkmales betrachtete, der gestand, nie etwas Köstlicheres gesehen zu haben; es erhielt sich, bis die Franzosen mit ihrem König Ludwig nach Mailand kamen und es zu Grunde richteten. Auch ein kleines, sehr vollkommnes Wachsmodell desselben Werkes ist verlorengegangen, zugleich mit einem Buch über die Anatomie der Pferde, welches Leonardo zu eigenem Studium gearbeitet hatte.

Fleißiger noch beschäftigte er sich mit der Anatomie des menschlichen Körpers, ein Studium, bei dem er und Marcantonio della Torre sich gegenseitig Hilfe leisteten. Dieser Marcantonio, ein trefflicher Philosoph, hielt in jener Zeit zu Pavia Vorlesungen und schrieb über die Organisation des Menschen; er war der Erste, wie ich gehört habe, welcher anfing, durch die Lehre Galens die medizinische Wissenschaft auf-

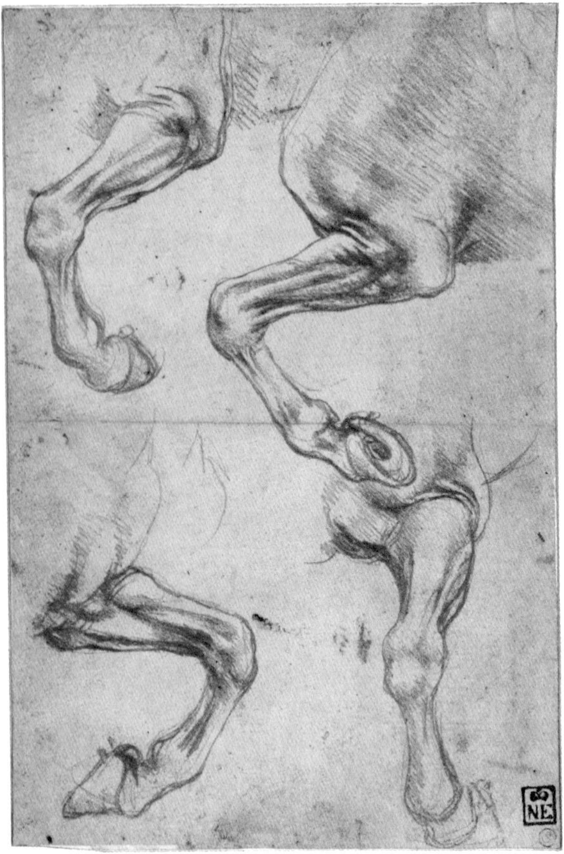

Studien zum Pferdebein, um 1480 (Budapest, Szépművészeti Múzeum)

zuklären und über die Anatomie, welche bis dahin von großer Finsternis der Unwissenheit umhüllt war, Licht zu verbreiten. Hierbei bediente er sich aufs Beste des Geistes und der Hand Leonardos, und dieser füllte ein ganzes Buch mit Zeichnungen an, die er selbst nach den von ihm anatomierten Körpern mit größtem Fleiß in Rötel und mit Federumrissen ausgeführt hatte.[25]

Er stellte darin den Knochenbau vollständig dar, verband damit nach der Ordnung die Nerven und umgab sie mit Muskeln, von denen die ersten an den Knochen sitzen, die zweiten die Kraft verleihen, festzuhalten, und die dritten Bewegung geben. Jedem Teil schrieb er eine Erklärung bei in ziemlich schlechter Schrift, die verkehrt mit der linken Hand geschrieben ist, so, dass sie nur im Spiegel gelesen werden kann, und wer darin keine Übung hat, sie nicht herausbringt.[26] Einen großen Teil dieser anatomischen Zeichnungen des menschlichen Körpers besitzt Herr Francesco da Melzo,[27] ein mailändischer

25 Die meisten Blätter zur Anatomie befinden sich in der Royal Library, Windsor Castle.

26 Leonardo war Linkshänder und schrieb von rechts nach links in Spiegelschrift.

27 Francesco Melzi, Edelmann aus Mailand, Freund und Schüler Leonardos, begleitete ihn nach Rom (1512–16) und nach Frankreich (1516–19) und war schließlich sein Testamentsvollstrecker.

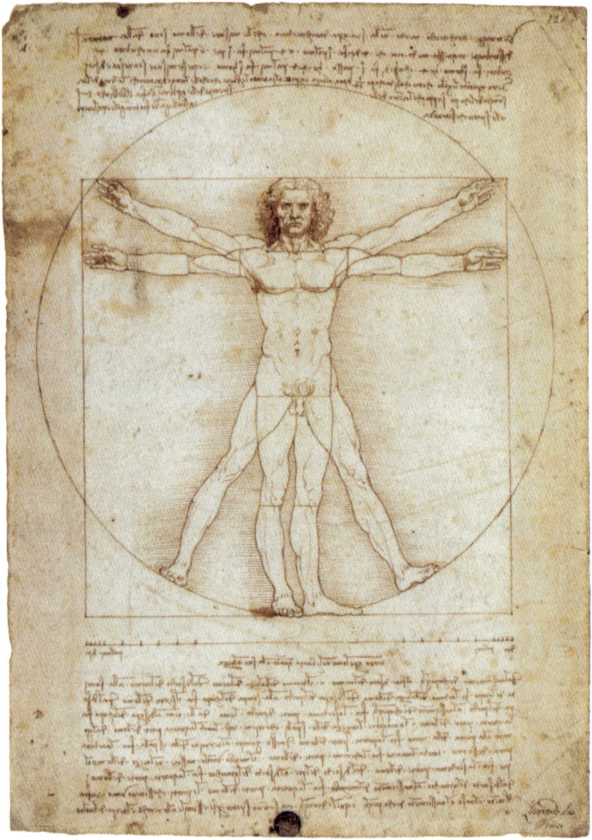

Proportionsstudie, der sogenannte Vitruvianische Mensch, um 1490 (Venedig, Gallerie dell'Academia)

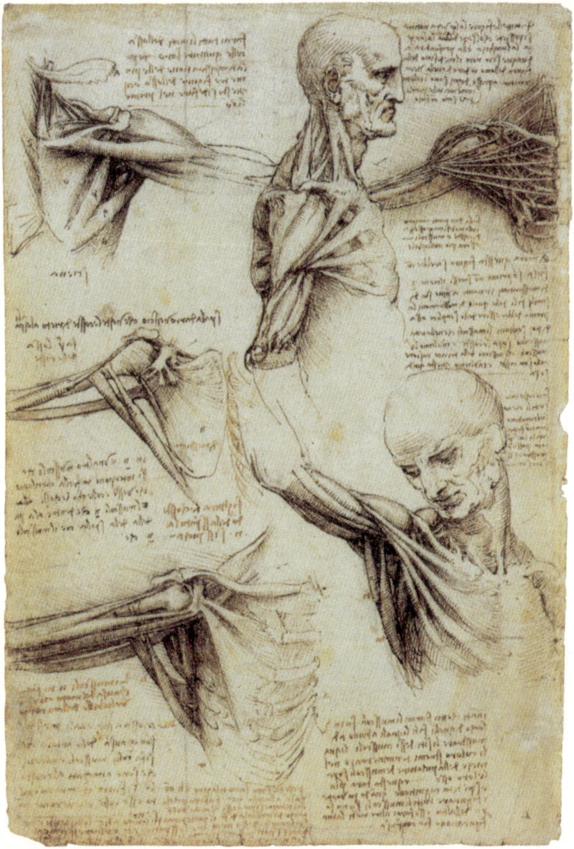

Anatomische Studien, um 1509/10 (Windsor Castle, Royal Library)

Edelmann; er war zur Zeit Leonardos ein Kind von seltner Schönheit, von ihm sehr geliebt, und ist jetzt ein schöner, liebenswürdiger Greis; die oben genannten Blätter bewahrte er wie teure Reliquien, zugleich mit dem Bildnis Leonardos glückseligen Andenkens.[28] Wer jene Schriften liest, dem scheint es unglaublich, dass dieser göttliche Geist so trefflich zugleich von der Kunst und von den Muskeln, Nerven, Adern und allen hierzu gehörigen Dingen reden konnte.

Einige andere Schriften Leonardos, wiederum mit der linken Hand verkehrt geschrieben, besitzt ein mailändischer Maler N. N.; sie handeln von der Malerei, der Zeichenkunst und den Farben. Vor einiger Zeit, als jener Künstler mich in Florenz besuchte, hatte er die Absicht, das genannte Buch drucken zu lassen, er nahm es mit nach Rom, um es dort herauszugeben, und ich weiß nicht, was nachmals daraus geworden ist.[29]

28 Die Echtheit der zeitgenössischen Porträts von Leonardo ist umstritten. Vasaris Holzschnitt der Ausgabe 1568 geht auf eine der Zeichnungen zurück, die jetzt in Windsor aufbewahrt wird. Die Kappe ist eine Zutat Vasaris.

29 Es handelt sich um den berühmten Trattato della pittura, ein Textkonvolut, das wahrscheinlich Francesco Melzi aus Originalschriften Leonardos kompilierte, das jedoch in mehreren alten Abschriften mit unterschiedlicher Textgestalt überkommen ist. Die erste gedruckte Ausgabe erschien in fran-

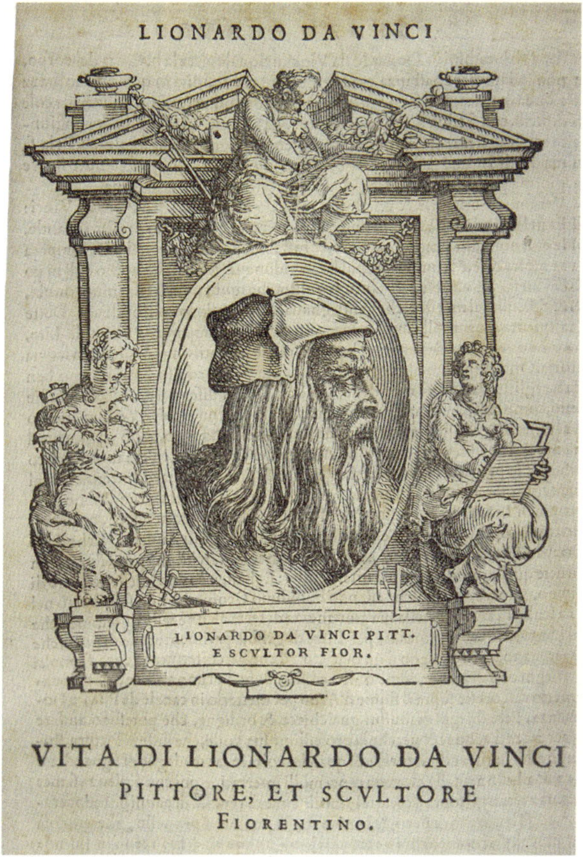


Leonardo da Vinci. Holzschnitt aus der Ausgabe der *Vite* von 1568

Doch wir wollen zu den Arbeiten Leonardos zurückkehren. Zur Zeit jenes Künstlers kam der König von Frankreich nach Mailand;[30] Leonardo wurde gebeten, etwas recht Seltsames zu machen, deshalb verfertigte er einen Löwen, der mehrere Schritte ging und dann seine Brust öffnete, in welcher man lauter Lilien erblickte. Zu Mailand nahm er den Mailänder Salai[31] in seine Schule auf, einen anmutigen und schön gebildeten Jüngling mit krausen lockigen Haaren, an denen Leonardo absonderliches Vergnügen fand. Er lehrte ihn viele Dinge, und mehrere Bilder, die man in Mailand dem Salai beimisst, hat Leonardo überarbeitet.

Leonardo kehrte nach Florenz zurück;[32] dort vernahm er, die Servitenbrüder hätten dem Filippino

zösischer Übersetzung 1651. Das kompletteste Manuskript fand sich in Urbino und wird heute im Vatikan aufbewahrt: Codex Urbinas 1270.

30 Nach Lomazzo (Trattato dell'arte, 1584), der sich auf Melzi bezieht, handelt es sich um Franz I., der jedoch erst 1515 in Mailand einzog. Vasari hält sich nicht immer an die Chronologie der Ereignisse.

31 Andrea Salai trat 1490 in die Werkstatt Leonardos ein und blieb dort etwa 25 Jahre.

32 Leonardo verließ Mailand im Dezember 1499 nach der Vertreibung von Lodovico il Moro, ging zuerst nach Mantua, dann nach Venedig und erreichte schließlich im April 1500 Florenz in Begleitung des berühmten Mathematikers Luca Pacioli. Nach Vertreibung der Medici (1494) und der kurzen

das Bild für den Hauptaltar der Nunziata übertragen,[33] und äußerte: solch ein Werk würde auch er gerne übernommen haben. Als Filippino dies hörte, zog er, ein liebenswürdiger Mensch, wie er war, sich von der Sache zurück, und die Mönche übertrugen dem Leonardo das Bild. Sie nahmen ihn ins Haus, gaben ihm den Unterhalt für sich und alle seine Angehörigen, was er lange Zeit geschehen ließ, ohne etwas anzufangen; endlich aber verfertigte er einen Karton, worauf die Madonna, die heilige Anna und das Christuskind so schön abgebildet waren, dass nicht nur alle Künstler, sondern jeder sich zu Bewunderung bewogen fühlte, der ihn schaute, und man sah zwei Tage lang Männer und Frauen, Jung und Alt, wie zu einem glänzenden Feste nach dem Zimmer wallfahren, worin das Wunderwerk Leonardos aufgestellt war.[34]

In der Madonna erkannte man alle jene Einfalt und Lieblichkeit, welche der Mutter Gottes Anmut verleihen kann; Leonardo wollte in ihr die Bescheidenheit und Demut der Jungfrau darstellen, welche voll Freu-

Herrschaft von Savonarola (am 23. Mai 1498 hingerichtet) herrschte in Florenz wieder die Signoria.

33 Filippino Lippi sollte das Hochaltarbild für die Servitenkirche SS. Annunziata malen. Als Leonardo am 24. April 1500 nach Florenz zurückkam, überließ Filippino den Auftrag Leonardo.

34 Obwohl umstritten, handelt es sich wohl um den Karton der *Anna Selbdritt* in der National Gallery, London.

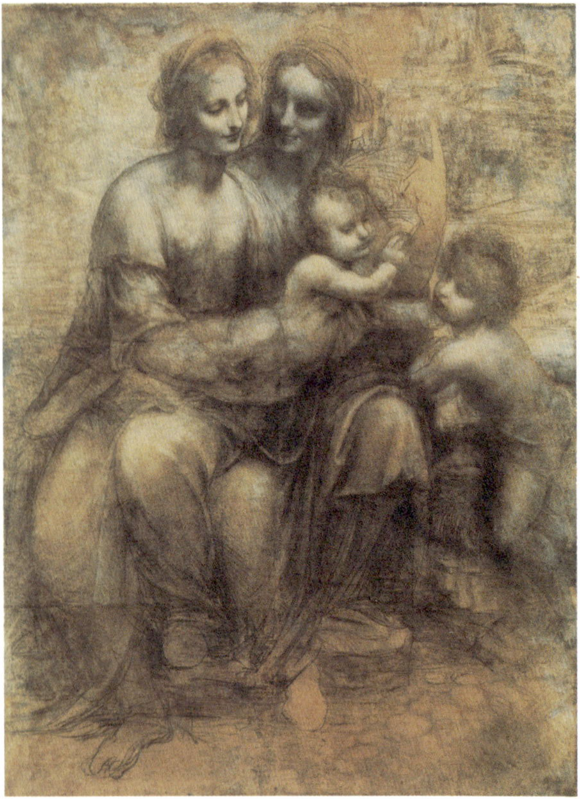

Vorstudie zu Anna Selbdritt, um 1499/1500 (London, The National Gallery)

den die Schönheit des Sohnes gewahrt; sie hält ihn zärtlich auf dem Schoß, die Augen sittsam niedergeschlagen, und blickt nach dem kleinen heiligen Johannes, der mit einem Lämmchen spielt und der heiligen Anna ein Lächeln abgewinnt, die von Fröhlichkeit erfüllt ist, dass ihr irdisch Geschlecht ein himmlisches geworden; lauter Beziehungen, dem Verstand und Geiste Leonardos entsprechend. Dieser Karton kam später nach Frankreich, wie unten erzählt werden wird.

Leonardo aber unternahm das Bildnis der Ginevra, Gemahlin des Amerigo Benci,[35] ein sehr schönes Werk, und gab den Mönchen ihre Bestellung zurück. Nun übertrugen sie die Arbeit noch einmal dem Filippino, der jedoch, vom Tod überrascht, sie nicht vollenden konnte.[36]

Auch unternahm Leonardo für Francesco del Giocondo das Bildnis der Mona Lisa,[37] seiner Frau, zu malen. Vier Jahre Mühe wandte er dabei auf, sodann ließ er es unvollendet, und es ist heutigen Tages zu Fon-

35 Das Porträt von Bencis Tochter Ginevra (Washington, National Gallery of Art), auch in anderen Quellen erwähnt, wird stilistisch um 1475 eingeordnet; wiederum dürfte eine chronologische Verwechslung Vasaris vorliegen.

36 Nach Filippino Lippis Tod 1504 ging der Auftrag an Perugino, den Lehrer Raffaels.

37 Die *Mona Lisa* (Paris, Louvre), wohl Leonardos berühmtestes Bild, entstand um 1503/04 in Florenz.

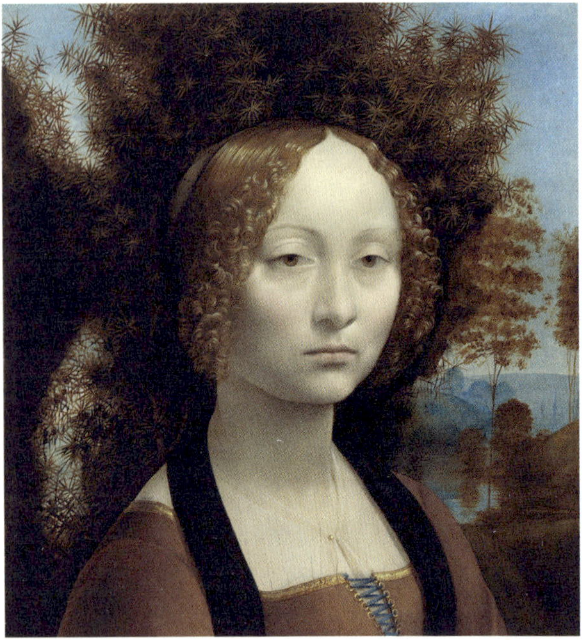

Bildnis der Ginevra de' Benci, um 1474–78 (Washington D. C., National Gallery of Art)

tainebleau, im Besitz des Königs Franz von Frankreich. Wer sehen wollte, wie weit es der Kunst möglich sei, die Natur nachzuahmen, der erkannte es an diesem schönen Kopfe. Alle Kleinigkeiten waren darin aufs Feinste abgebildet, die Augen hatten Glanz und Feuchtigkeit, wie wir es im Leben sehen; rings umher bemerkte man die rötlich blauen Kreise und die Wimpern, welche nur der zarteste Pinsel ausführen kann; bei den Brauen sah man, wo sie am vollsten, wo am spärlichsten sind, wie sie aus den Poren der Haut hervorkommen und sich wölben, so natürlich, als nur zu denken ist.

An der Nase waren alle jene kleinen schönen Öffnungen rötlich und zart aufs Treueste nachgebildet, der Mund hatte, wo die Lippen sich schließen und wo das Rot mit der Farbe des Gesichtes sich vereint, eine Vollkommenheit, dass er nicht wie gemalt, sondern in Wahrheit wie Fleisch und Blut erschien; wer die Halsgrube aufmerksam betrachtete, glaubte das Schlagen der Pulse zu sehen, kurz, man kann sagen, dies Bild war nach einer Weise ausgeführt, welche jeden vorzüglichen Künstler und jeden, der es sah, erbeben machte.

Mona Lisa war sehr schön, und Leonardo brauchte noch die Vorsicht, dass, während er malte, immer jemand zugegen sein musste, der sang, spielte und Scherz trieb, damit sie fröhlich bleiben und nicht ein

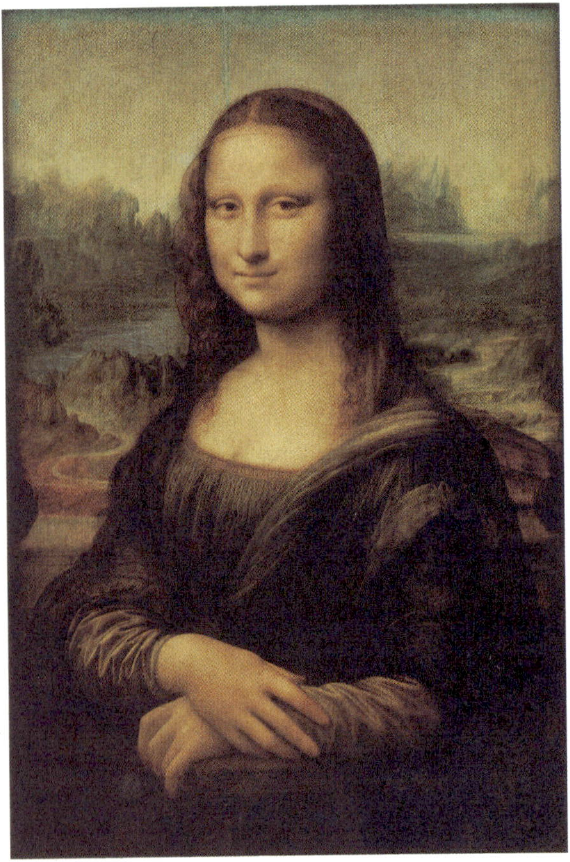

Bildnis der Lisa del Giocondo (Mona Lisa, frz.: La Joconde), um 1502–06 (Paris, Musée du Louvre)

trauriges Ansehn bekommen möchte, wie häufig der Fall ist, wenn man sitzt, um sein Bildnis malen zu lassen. Über diesem Angesicht dagegen schwebte ein so liebliches Lächeln, dass es eher von himmlischer als von menschlicher Hand zu sein schien, und es galt für bewundernswert, weil es dem Leben völlig gleich war.[38]

Durch die herrlichen Werke dieses göttlichen Künstlers stieg sein Ruhm immer mehr, weshalb jeder, der an der Kunst Vergnügen fand, ja ganz Florenz Verlangen trug, dass er daselbst irgendetwas zu seinem Gedächtnis hinterlassen möchte, und man sprach davon, ihm ein bedeutendes Werk zu übertragen, damit der Geist und die Anmut, welche all seine Arbeiten kundgaben, der Stadt zur Zierde gereichen möchten.

In jener Zeit war der große Ratssaal neu erbaut worden, nach Angabe von Giuliano von San Gallo, Simone Pollaiuoli, genannt Cronaca, Michelangelo

38 Vasaris ausführliche Lobpreisung des Bildes und dessen »himmlischer« Qualitäten belegt, dass das berühmte Lächeln der Mona Lisa schon von den Zeitgenossen diskutiert wurde und sich bereits damals einer Erklärung entzog. Leonardo dürfte dabei auf den harmonischen Einklang von innerer und äußerer Bewegtheit, also von Seele und Körper, abgezielt haben, ein Ideal, das er auch in seinen theoretischen Schriften immer wieder zur Sprache bringt und das bei ihm auf neoplatonisches Gedankengut zurückgeht.

Buonarroti und Baccio d'Agnolo, wie an seinem Ort ausführlicher gesagt werden wird. Man hatte dies Werk mit großer Schnelligkeit vollendet und bestimmte nunmehr durch ein öffentliches Dekret, Leonardo solle daselbst ein schönes Bild malen. Piero Soderini,[39] der damalige Gonfaloniere der Justiz, übergab ihm die Arbeit; Leonardo machte sich dazu anheischig und begann in Santa Maria Novella im Saal des Papstes einen Karton, worin er die Geschichte von Niccolo Piccinino, Feldhauptmann des Herzogs Filippo von Mailand, darstellte.[40] Er zeichnete

39 Piero Soderini, enger Freund von Niccolò Macchiavelli, stand ab 1502 der Signoria von Florenz als Gonfaloniere (Oberbefehlshaber) auf Lebenszeit vor. Nach der päpstlichen Intervention mit spanischen Truppen und der Plünderung von Prato 1512, das zu Florenz gehörte, wurde Soderini abgesetzt und verbannt. Florenz wurde Herzogtum unter Giuliano de' Medici, Herzog von Nemours, der nach einem Jahr seinem Neffen Lorenzo die Herrschaft übergab und als päpstlicher Gonfaloniere nach Rom ging, wo sein Bruder Giovanni 1513 zum Papst gewählt wurde. In Giulianos Gefolge befand sich auch Leonardo.

40 Es handelt sich um den Karton für das berühmte Gemälde *Anghiari-Schlacht*, das Leonardo in Konkurrenz zu Michelangelo entwarf. Nicolò Piccinino war Condottiere im Sold von Florenz und errang bei Anghiari am 29. Juni 1440 einen wichtigen Sieg über die Mailänder. Leonardo arbeitete an dem Karton (durch die Übertragung zerstört) Oktober 1503, bis er schließlich 1505 das Gemälde auf einer Wand in der Sala di Gran Consiglio des Palazzo Vecchio in Florenz aus-

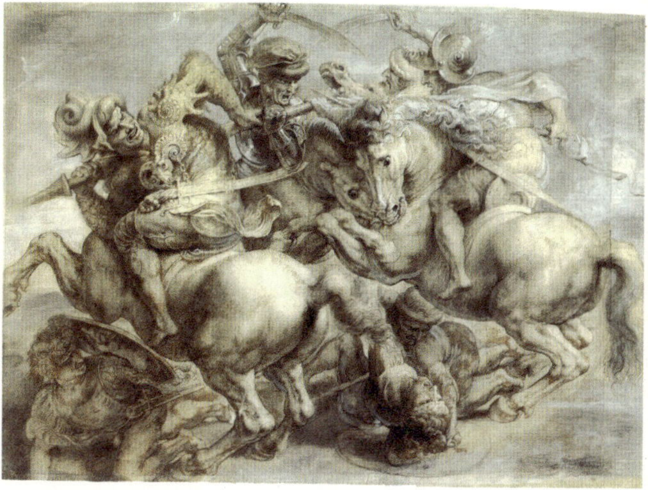

Von Peter Paul Rubens überarbeitete Kopie von Leonardos Anghiari-Schlacht, um 1603 (Paris, Musée du Louvre)

darin einen Trupp Reiter, die um eine Fahne kämpfen, und dies Werk wurde als meisterhaft anerkannt wegen der bewundernswerten Überlegung, mit welcher Leonardo diese stürmische Szene ordnete.

Mut, Zorn und Rachsucht erkennt man in den Menschen nicht minder wie in den Pferden; zwei dieser Tiere sind mit den Vorderfüßen ineinander verschränkt und fallen sich mit dem Gebiss an, wütend wie die kämpfenden Reiter. Einer der Soldaten hat mit beiden Händen das Ende der Standarte gefasst, treibt das Pferd zur Flucht, wendet durch Kraft der Schultern den Körper zurück, umklammert den Schaft der Fahne und sucht so sie gewaltsam den Händen von vier Kriegern zu entreißen, die sie verteidigen; jeder hält sie mit einer Hand, in der andern schwingen sie die Schwerter, um den Schaft abzuhauen!

Ihnen entgegen ist ein alter Krieger, ein rotes Barett auf dem Haupt; mit einer Hand hat er auch den Schaft ergriffen, mit der andern hebt er einen krummen Säbel in die Höhe und führt schreiend voll Wut den Streich, um die Hände der beiden Soldaten abzuhauen, welche zähnebleckend in wilder Stellung ihre Fahne zu verteidigen streben. Auf der Erde zwischen

zuführen begann, aber Ende Mai 1506 unterbrach, um abermals nach Mailand zu gehen.

den Füßen der Pferde sind noch zwei kämpfende Krieger verkürzt gezeichnet. Der eine liegt auf dem Boden, der andere hat sich über ihn geworfen; er hebt den Arm hoch empor und setzt ihm mit gewaltiger Kraft den Dolch an die Kehle; jener dagegen verteidigt sich nach Vermögen mit Beinen und Armen, damit er den Tod nicht empfange.

Kaum sagen lässt sich, wie schön Leonardo die verschiedenen Kleidungen der Soldaten, den Helmschmuck und andere Zierraten gezeichnet und welche Meisterschaft er bei den Umrissen und der Gestaltung der Pferde kundgegeben hat, denn besser als irgend sonst ein Meister wusste er diesen Tieren Wildheit, richtiges Muskelspiel und Schönheit zu verleihen.

Zur Ausführung seines Kartons hatte Leonardo sich, wie man sagt, ein künstliches Gerüst verfertigen lassen, welches sich hob, wenn man es zusammenzog, und niedriger wurde, wenn man es breiter machte; er wollte das Bild in Öl auf die Mauer malen, machte aber eine so grobe Mischung, um die Mauer damit zu bekleistern, dass es durchschlug, als er eine Zeit lang gemalt hatte, und er gab die Arbeit nach kurzer Zeit auf, weil er sah, dass sie zu Grunde gehen würde.[41]

41 Leonardos experimentelle Technik führte schon früh zu Nachdunkelungen und Rissen, was verschiedene Quellen bestätigen. Vasaris Darstellung, dass das Gemälde schon

Leonardo besaß einen erhabenen Geist und war in jeder seiner Handlungen großmütig. Als er einstmals nach der Bank ging, um den Gehalt zu holen, den Piero Soderini ihm jeden Monat auszahlen ließ, wollte der Kassier ihm einige Tüten mit Pfennigen geben, er aber nahm sie nicht und sagte: »Ich bin kein Pfennigmaler.« Da er sein Bild nicht vollendete, gab man ihm Schuld, er habe Piero Soderini betrogen, und schalt über ihn. Als Leonardo solches hörte, bemühte er sich bei seinen Freunden, das Geld zusammenzubringen, und wollte zurückzahlen, was er empfangen hatte; Piero jedoch nahm es nicht an.

Dieser Künstler ging mit Giuliano de' Medici[42] nach Rom, zur Zeit der Erwählung von Papst Leo, welcher sich viel mit Philosophie und mehr noch mit Alchimie beschäftigte. Dort verfertigte er einen Teig von Wachs und formte daraus, wenn er fließend war,

kurz nach seiner Ausführung praktisch ruiniert gewesen sei, soll eher von der Tatsache ablenken, dass er selbst es schließlich war, der Leonardos berühmtes Werk vernichtete, indem er es von der Wand abschlagen ließ und den Saal im Auftrag des Großherzogs Cosimo I. de' Medici mit eigenen Historiengemälden ausschmückte. Von Leonardos Gemälde sind einige Kopien überliefert.

42 Leonardo war seit Dezember 1513 in Rom in Diensten von Giuliano de' Medici, Herzog von Nemours, und arbeitete dort meist an Experimenten und Studien.

sehr zarte Tiere, mit Luft gefüllt; blies er hinein, so flogen sie, war die Luft heraus, so fielen sie zur Erde. Einer seltsamen Eidechse, welche der Winzer von Belvedere fand, machte er Flügel aus der abgezogenen Haut anderer Eidechsen, die er mit Quecksilber füllte, so dass sie sich bewegten und zitterten, wenn sie ging; sodann machte er ihr Augen, Bart und Hörner, zähmte sie, tat sie in eine Schachtel und jagte alle seine Freunde damit in Furcht.

Oftmals ließ er die Därme eines Hammels so fein ausputzen, dass man sie in der hohlen Hand hätte halten können; diese trug er in ein großes Zimmer, brachte in eine anstoßende Stube ein paar Schmiedeblasebälge, befestigte daran die Därme und blies sie auf, bis sie das ganze Zimmer einnahmen und man in eine Ecke flüchten musste, so zeigte er, wie sie allmählich durchsichtig und von Luft erfüllt wurden, und indem sie anfangs auf einen kleinen Platz beschränkt sich mehr und mehr in den weiten Raum ausbreiteten, verglich er sie der Tugend.

Dergleichen Torheiten trieb er sehr viele, beschäftigte sich mit Spiegeln und forschte aufs Sorgfältigste nach Ölen zum Malen und nach Firnissen, die vollendeten Werke zu erhalten. In jener Zeit verfertigte er sehr fleißig und kunstreich ein kleines Bild der Madonna mit dem Sohne auf dem Arm, für Messer

Baldassarre Turini aus Pescia, Datario[43] von Papst Leo; dies Werk jedoch ist entweder durch Schuld dessen, welcher den Kreidegrund machte, oder durch Leonardos vielfache seltsame Mischungen von Firnissen und Farben heutigen Tages sehr verdorben. In einem andern Bildchen stellte er ein kleines Kind dar, schön und anmutig zum Verwundern; beide Gemälde sind in Pescia bei Herrn Giulio Turini.[44]

Man erzählt sich, als Leonardo von dem Papst Auftrag erhalten, ein Werk zu verfertigen, habe er sogleich angefangen, Öle und Kräuter zum Firnis zu destillieren; als der Papst dies hörte, rief er aus: »O weh! dieser wird nichts zu Stande bringen, da er an das Ende denkt, ehe die Arbeit begonnen ist.«

Zwischen Leonardo und Michelangelo herrschte großer Widerwille, und die Konkurrenz zwischen beiden war schuld, dass Michelangelo Florenz verließ, wobei ihn Herzog Giuliano entschuldigte, da er vom Papst wegen der Fassade von S. Lorenzo berufen war.[45] Als Leonardo solches hörte, ging er auch von

43 Verwalter eines der fünf Hauptämter der Kurie; verleiht die niederen Pfründen.

44 Die Bilder im Besitz Giulio Turinis finden sich nur in der Ausgabe 1568 erwähnt und gelten als verschollen.

45 Die Rivalität von Leonardo und Michelangelo dürfte nicht diese Schärfe gehabt haben, die Vasari glauben machen will. Michelangelo verließ nach Leonardo Florenz am 3. Septem-

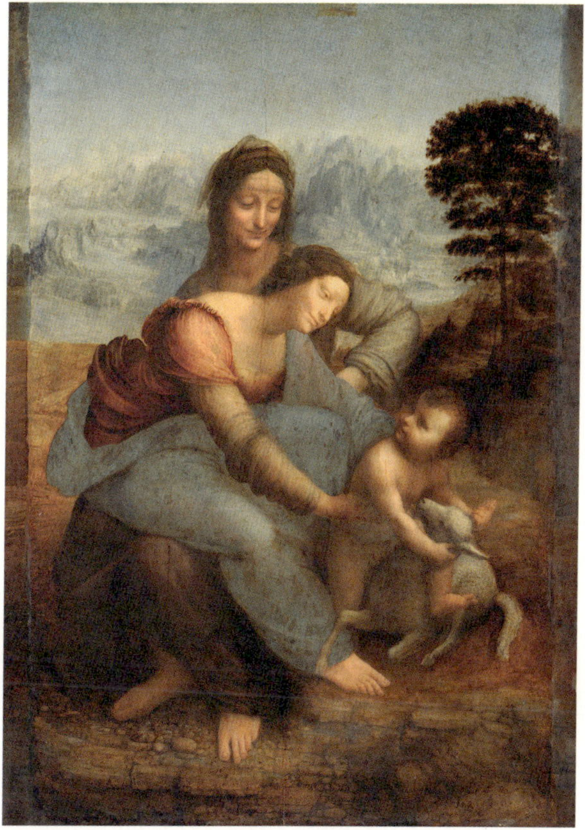

Anna Selbdritt, um 1510–13 (Paris, Musée du Louvre)

dannen und begab sich nach Frankreich, wo der König mehrere Werke von ihm besaß und ihm sehr gewogen war.[46] Der König wünschte: Leonardo möchte den Karton von der heiligen Anna malen; seiner Gewohnheit gemäß hielt er ihn jedoch mit Worten hin.[47]

Endlich alt geworden, lag er viele Monate krank, und da der Tod ihm nahte, wollte er sich mit allem Fleiß in dem katholischen Ritus und der richtigen Lehre der heiligen christlichen Religion unterweisen lassen;[48] er beichtete reuevoll unter vielen Tränen, und obwohl er nicht mehr auf den Füßen stehen konnte, ließ er sich doch, von den Armen seiner Freunde und Diener unterstützt, das heilige Sakra-

ber 1516 in Richtung Carrara, von wo er am 5. Dezember 1516 nach Rom ging.

46 Kurz nach dem Tod von Giuliano de' Medici (17. März 1516) nahm Leonardo das Angebot Franz' I. an, nach Frankreich zu kommen.

47 Leonardo brachte nach Frankreich ein begonnenes Gemälde der *Anna Selbdritt* mit, ohne es dann fertigzustellen; heute im Louvre, Paris.

48 Vasari hatte in der 1. Ausgabe 1550 Leonardo bedenklich nahe in Verbindung zur Häresie gebracht: »Daher bildete sich in seinem Geist eine so häretische Einstellung, dass er sich keiner Religion mehr näherte, da er es wohl mehr schätzte, Philosoph zu sein als Christ.« 1568 strich Vasari diesen Satz und trug damit dem Denken der Gegenreformation Rechnung.

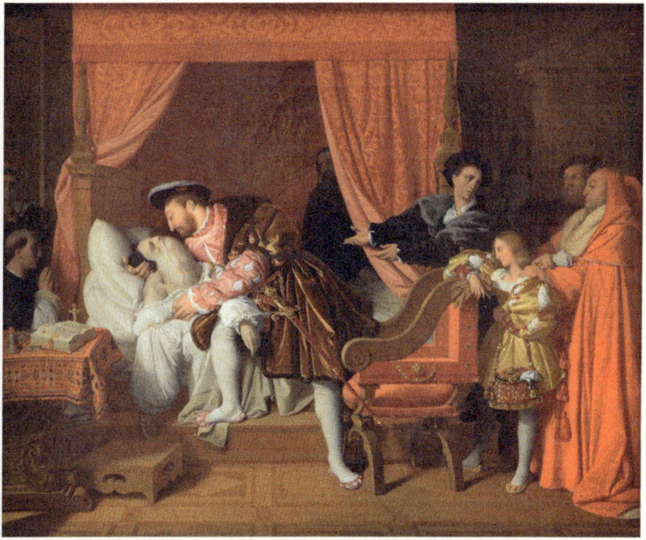

Jean-Auguste-Dominique Ingres: Der Tod Leonardo da Vincis, 1818 (Paris, Petit Palais)

ment außerhalb des Bettes reichen. Der König, welcher ihn oft liebevoll besuchte, kam bald nachher zu ihm. Leonardo richtete sich ehrfurchtsvoll empor, um im Bett zu sitzen, schilderte ihm sein Übel mit allen Zufällen und sagte, wie er gegen Gott und Menschen gefehlt habe, dass er in der Kunst nicht getan hätte, was ihm Pflicht gewesen wäre. Diese Anstrengung veranlasste einen stärkern Paroxysmus, welcher Vorbote des Todes war; der König erhob sich und hielt ihm das Haupt, um ihm eine Hilfe und Gunst zu Erleichterung seines Übels zu erweisen; da erkannte Leonardos göttlicher Geist, es könne ihm größere Ehre nicht widerfahren, und er verschied in den Armen des Königs im fünfundsiebzigsten Jahre seines Lebens.[49]

Sein Tod verursachte allen, die ihn gekannt hatten, größte Betrübnis; nie war der Malerei von einem Künstler mehr Ehre gemacht worden; der Glanz seines schönen Angesichtes erheiterte jedes traurige Gemüt, und seine Rede vermochte die hartnäckigste Meinung zu Ja und Nein zu bewegen. Jeden heftigen Ungestüm wusste er durch die Kraft zurückzuhalten,

49 Leonardo starb am 2. Mai 1519 auf Schloss Amboise an der Loire. Vasari schmückt seinen Tod mit einer Szene, die nachweislich nicht stattgefunden haben kann, da Franz I. in St-Germain-en-Laye weilte. Als Künstleranekdote wurde sie im 19. Jh. zu einem beliebten Bildthema.

die ihm innewohnte, und mit seiner Rechten bog er das Eisen einer Wandglocke oder eines Pferdehufes, als ob es Blei wäre. Mit natürlicher Freigebigkeit bot er seinen Freunden Aufnahme und Bewirtung, gleichviel, ob sie arm oder reich waren, wenn nur Geist und Trefflichkeit sie zierten. Das unbedeutendste, schmuckloseste Zimmer verschönte und verherrlichte er durch jede seiner Handlungen, und wie die Stadt Florenz durch die Geburt dieses Künstlers eine große Gabe empfing, erlitt sie durch seinen Tod einen mehr als herben Verlust.

In der Kunst der Ölmalerei wurde von ihm eine gewisse Schattierung erfunden, durch welche die neuern Künstler ihren Gestalten viel Kraft und Rundung geben.[50] Was er in der Bildhauerei vermochte, zeigte er an den drei Bronzefiguren über der nördlichen Türe von San Giovanni; sie wurden von Giovan Francesco Rustici gegossen, aber nach Angabe Leonardos entworfen, und sind in Zeichnung und Ausführung das schönste Gusswerk, welches in neuerer Zeit gesehen worden ist.[51]

50 Vasari meint hier Leonardos unvergleichliche Technik des »sfumato«, die den Personen, Gegenständen und Landschaften seiner Bilder, durch unmerkliche Übergänge abschattiert, eine leicht diffuse Atmosphäre verleiht.

51 Der Anteil Leonardos an der Bronzegruppe Rusticis über der Nordtür des Florentiner Baptisteriums geht womöglich auf

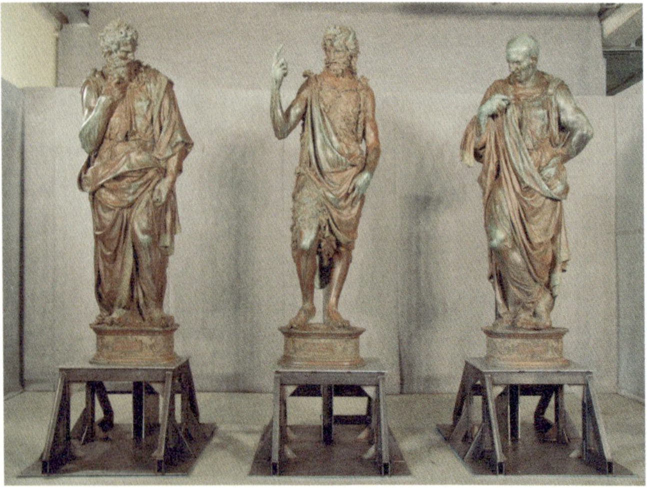

Giovanni Francesco Rustici: Der predigende Johannes der Täufer, um 1506–11 (Florenz, Museo dell'Opera di Santa Maria del Fiore)

Leonardo danken wir die Anatomie der Pferde und die noch viel vollkommnere des menschlichen Körpers; und obgleich er mehr durch Worte als durch Taten gewirkt hat, wird um der vielen Vorzüge willen, mit denen er wunderbar begabt war, sein Namen und Ruf niemals erlöschen; zu seinem Lobe sagt Giovan Batista Strozzi:[52]

Vince costui pur solo
Tutti altri: e vince Fidia, e vince Apelle:
E tutto il lor vittorioso stuolo.

Es sieget er allein
Ob aller andern; siegt über Phidias, besiegt Apelles,
Siegt ob der Schar, die siegreich ihnen folgte.

Schüler Leonardos war Giovanni Antonio Boltraffio[53] aus Mailand, ein sehr geübter und verständiger Meister. Er malte mit vielem Fleiß im Jahre 1500 in der Kirche der Miseriocordia außerhalb Bolognas ein gro-

Zeichnungen zurück, die Rustici bei Leonardo studiert haben könnte.

52 Filippo d. J. (gen. Giambattista) Strozzi, Spross der reichen Florentiner Familie gleichen Namens, als Republikaner seit der Schlacht bei Montemurlo (1537) gegen Alessandro de' Medici in Rom im Kreis der Florentiner Exilanten und Medici-Gegner.

53 Das erwähnte Gemälde befindet sich jetzt im Louvre, Paris.

ßes Ölbild; stellte darin die Madonna mit dem Sohne auf dem Arm, St. Johannes den Täufer und den unbekleideten heiligen Sebastian dar, dabei in kniender Stellung, nach der Natur gezeichnet den Herrn, welcher das Bild malen ließ; unter dies wahrhaft schöne Werk schrieb er seinen Namen und bemerkte, dass er ein Schüler Leonardos sei. Andere seiner Bilder sind zu Mailand und an verschiedenen Orten, es genügt jedoch, dieses erwähnt zu haben, da es das beste ist.

Schüler desselben Meisters war Marco-Uggioni,[54] der in Santa Maria della Pace die Himmelfahrt der Madonna und die Hochzeit von Kana in Galiläa gemalt hat.

54 Marco d'Oggiono war 1490–99 in Leonardos Mailänder Werkstatt. Die beiden erwähnten Bilder befinden sich in der Galleria di Brera, Mailand.

## Zu dieser Ausgabe

Der Text der vorliegenden Ausgabe folgt der ersten deutschen Gesamtübersetzung in der Edition von Ludwig Schorn und Ernst Förster:

> Leben der ausgezeichnetsten Maler, Bildhauer und Baumeister, von Cimabue bis zum Jahre 1567, beschrieben von Giorgio Vasari, Maler und Baumeister. Aus dem Italienischen. Mit einer Bearbeitung sämmtlicher Anmerkungen der früheren Herausgeber, so wie mit eigenen Berichtigungen und Nachweisungen begleitet von Ludwig Schorn, und nach dessen Tode von Ernst Förster. Dritter Band, enthaltend der Original-Ausgabe dritten Theil. Erste Abtheilung. Mit 24 lithographirten Bildnissen. Stuttgart und Tübingen, in der J. G. Cotta'schen Buchhandlung. 1843. S. 3–48.

Ludwig Schorn war Redakteur des »Kunstblattes« (1816–49), einer Beilage zum *Morgenblatt für gebildete Stände*, das beim Verleger Cotta herauskam, und darüber hinaus Verlagsberater für Fragen zur Kunst. Er wurde von Cotta auch als Herausgeber, Korrektor und Kommentator der Vasari-Übersetzung herangezogen. Bemerkenswert ist die in der Vorrede zur mehrbändigen Übersetzung von Schorn dargelegte Absicht, der Anordnung und der Darstellungsweise Vasaris zu folgen. »Obgleich also diese Übersetzung allerdings einigen Anspruch darauf macht, den altertümlichen und novellenartigen Ton des Originals den deutschen Lesern zu Ohren zu bringen, so ist doch vor allem auf die wörtliche Treue gesehen worden.«[1]

Es darf als ein Vorzug dieser Übersetzung gelten, dass Vasaris Stil mit gutem Gespür für die bisweilen langen Perioden übertragen wurde. Deshalb ist die Frage nach der Urheberschaft der Übersetzung von philologischem Interesse. Schorn gibt an, dass die Übersetzung nicht von ihm stammt, sondern bereits in gewissem Umfang vorlag. Auch für die späteren Bände fertigten weder Schorn noch sein Nachfolger als Herausgeber, Ernst Förster, eigene Übersetzungen an. Beide dürften zwar bei kunsttechnischen Fachbegriffen redaktionellen Einfluss genommen haben, insgesamt besorgten sie aber hauptsächlich die historischen Anmerkungen und Werkinformationen. Irrtümlich wurde früher Therese Heyne, die Tochter des bekannten Göttinger Altphilologen und

1 Ludwig Schorn, »Vorrede des Herausgebers«, in: Schorn/Förster, Bd. 1, 1832, S. IX.

Altertumskenners Christian Gottlob Heyne, als die Übersetzerin des 1. Bandes angesehen, während die weiteren den Herausgebern zugerechnet wurden.

Erst in den 90er Jahren des vorigen Jahrhunderts konnte diese Frage geklärt werden. Demnach stammt die gesamte Übersetzung von Adeline Seebeck aus Berlin.[2] Nach der erhaltenen Verlagskorrespondenz hat sie für alle 6 Bände Honorar erhalten. Als Übersetzerin blieb Adeline Seebeck jedoch anonym, auch ihre weiteren schriftstellerischen Arbeiten erschienen unter Pseudonym.

Orthographie und Interpunktion wurden behutsam dem heutigen Gebrauch angeglichen, bei direkter Rede wurden durchgehend Anführungszeichen gesetzt. Offensichtliche Druckfehler wurden stillschweigend verbessert. Die Schreibung von Eigennamen wurde nach der heute gebräuchlichen Form vereinheitlicht. In den folgenden Fällen wurde vom Text abgewi-

2 Vgl. dazu die Diskussion der erhaltenen Verträge und Korrespondenz im Cotta-Archiv (Schiller Nationalmuseum Marbach a. N.): Dirk Kemper, »Litterärhistorie – romantische Utopie – kunstgeschichtliche Poesie: drei Modelle der Renaissancerezeption, dargestellt anhand gedruckter und ungedruckter Vasari-Übersetzungen 1778–1832«, in: *Romantik und Renaissance. Die Rezeption der italienischen Renaissance in der deutschen Romantik*, hrsg. von Silvio Vietta, Stuttgart/Weimar 1994, S. 116–139, bes. S. 129–135.

chen: 7, 22 *In Wahrheit* > *Wahrhaft*; 7 *erhobene Arbeiten* > *Reliefarbeiten*; 20 *sintemal* > *zumal*; 22 *wie* > *als*; 33 *möge* > *vermöge*; 36 *gegen den* > *gegenüber dem*; 36 *überlästiges* > *lästiges*; 38 *Zusammenstellung* > *Komposition*; 51, 53 *Monna Lisa* > *Mona Lisa* (so im Original); 61 *dem Genie* > *der Tugend*; 70 *Kana* > *Kana in Galiläa* (so im Original).

Die Anmerkungen beziehen sich auf Personen, Ereignisse und besonders auf die von Vasari angesprochenen Werke. Daten und Fakten richten sich nach dem aktuellen Stand der Forschung; wo jedoch Datierungen umstritten sind, wurde die fragliche Zeitspanne angegeben. Die Angaben zu Aufbewahrungsorten nennen Stadt und Monument bzw. Sammlung.

## Nachwort

Kein Werk der Kunstliteratur hat unser Bild vom neuzeitlichen Künstler so nachhaltig geprägt wie Giorgio Vasaris *Vite de' più eccellenti pittori, scultori e architetti* (1568). Monumental wird der literarische Entwurf eines Geschichtsbildes ausgebreitet, das drei Jahrhunderte italienischer Kunst umfasst und am Schluss die Künstlerapotheose vollzieht. Unter Berufung auf Vasari wird diese Zeitspanne »Renaissance« genannt, als Wiedergeburt (»rinascita«) der Kunst und auch Geburt der Neuzeit. Kaum ein Buch wurde in kunstinteressierten Kreisen des 16. Jahrhunderts so diskutiert wie Vasaris *Viten*; es besticht durch technische Kenntnisse des Autors, es bildet durch gelehrte Exkurse zu Theorie und Geschichte, es weiß erfrischende Anekdoten mit leichter Hand zu erzählen, es fehlt nicht an kennerschaftlichem Urteil, und es brilliert auf bislang ungeahnte Weise mit Beschreibungen von Kunstwerken. Erstmals ist der Versuch gewagt worden, den ganzen Mikrokosmos der Kunst literarisch zu bewältigen. Mehr noch, Vasaris *Viten* geben vor, dass die Kunst ihren eigenen Rhythmus der Geschichte zeitigt, einer Geschichte, die sich über die Lebenswerke der Künstler zu erkennen gibt.

## Die göttliche Künstlertrias in Vasaris Geschichtsmodell

Die Kunst, so gibt uns Vasari zu verstehen, erlebt nach einer langen Zeit des dunklen Mittelalters in Italien ihre Wiedererweckung. Es sind Toskaner, genauer: Florentiner, die dies vollbringen. Vasaris Einteilung der neueren Kunstentwicklung in drei Phasen (»età«) entspricht der Jahrhundertfolge Trecento, Quattrocento und Cinquecento. Mit Cimabue beginnt die Geschichte der Kunst von neuem, nachdem sie bereits in der Antike ihren aufsteigenden und wieder sinkenden Verlauf durchlebt hatte. Sie folgt einem biologistischen Modell, das der Kunst Kindheit und Jugend, Blüte und Reife und schließlich Alter und Verwelken attestiert. Schon antike Autoren sahen dies so, Cicero (*Brutus* 70) und Quintilian (*Institutio Oratoria* XII,10,1–9) etwa, denen Vasari hierin folgt. Wenn Vasari, was oft betont wird, als Vater der Kunstgeschichte gelten darf, dann nicht, weil er aus dem genannten Modell heraus der Kunst eine historische Impulsmacht zubilligt, sondern eher, weil in seiner Einteilung ansatzweise überindividuelle Stilgemeinsamkeiten zu tragenden Elementen einer neuen Konstruktion von Zeiteinheiten werden. Was die Künstler eint, sind die gleichen künstlerischen Problemstellungen, was sie scheidet, sind die unterschiedlichen Lösungen, denen sie zustreben.

Kunst ist für Vasari ein Resultat gegenseitigen Austausches; von Generation zu Generation lernen die Künstler bestehende Mängel zu überwinden. Stets bleibt daher die Geschichte der Kunst an das einzelne Werk, an den einzelnen Künstler und seine Innovationen zurückgebunden. Insofern handelt es sich um eine Künstlergeschichte, die ihre über sich hinausweisende Wirkkraft aus der Vitalität der Individualitäten bezieht. Für Vasari nährt sich der prozessuale Fortschritt der Kunst aus zwei Prinzipien: Einmal postuliert er die Akkumulation technischer Errungenschaften, das heißt, dass jede Künstlergeneration die Erfahrungen der Älteren mit der Lehre in sich aufnimmt, also bereits auf einem viel höheren Niveau einsetzt, um es ihrerseits weiter anzuheben; dies führe zu dem Umstand, dass früher ein Maler sechs Jahre für ein Gemälde gebraucht habe, nun aber, in Vasaris Zeit, ein Maler sechs Bilder in einem Jahr malen könne. Bemerkenswert weitsichtig ist hierbei, dass Vasari zurückliegende Kunststufen historisch zu relativieren weiß. Zur ersten »età« heißt es: »Demnach gebührt den Meistern, welche zu jener Zeit lebten und von mir zu der ersten Periode gerechnet worden sind, dasselbe Lob und dieselbe Würdigung wie ihren Arbeiten, wobei nicht minder als bei den damaligen Bau- und Malerwerken zu beachten ist, dass die, welche sie ausführten, durch ihre Vorgänger keine Hilfe hatten, sondern den Weg für sich selbst finden mussten. Jeder Anfang aber, wenn auch an sich gering, verdient immerdar ein nicht geringes Lob.«[1]

Zum werkökonomischen Aspekt kommt dann zum anderen das Ingenium der Künstler, das befähigt, in neue schöpferische Dimensionen vorzustoßen. Ingenium ist die Bedingung der Möglichkeit von Innovation, und erst durch Innovationen vollzieht sich der prozessuale Fortschritt in der Geschichte der Kunst. Er setzt mit Cimabue ein und erreicht mit Giotto einen ersten Gipfel, indem dieser die »maniera greca«, die byzantinische Malweise, überwindet und die Wiedergeburt (»rinascita«) der Kunst einleitet. Giotto konnte auf keine Vorläufer aufbauen, sondern schöpfte aus sich selbst und der Natur. Daher steht das erste Zeitalter im Zeichen der Giotto-Nachfolge.

Dann folgt der eigentliche Schritt, das Mittelalter hinter sich zu lassen, indem unter dem Leitstern der Antike die Naturnachahmung zum Prinzip und die Zentralperspektive zum Verfahren schlechthin erhoben werden. Mit Brunelleschi, Ghiberti, Alberti,

1 Schorn/Förster, Bd. 2,1, 1837, S. 10.

Masaccio und Donatello erlebt die Kunst entscheidende Fortschritte und wird der Antike ebenbürtig. Freilich fehlt in den Augen Vasaris diesen Künstlern noch die Fähigkeit, nach der Wiedereroberung aller Regeln sich über sie auch hinwegsetzen zu können und im autonomen Regelgebrauch, aber auch in dessen Überschreitung das freie Spiel künstlerischer Kräfte zu proben. »Der Regel fehlte eine gewisse Freiheit, die, ohne Regel zu sein, durch die Regel geordnet ist und bestehen kann, ohne Verwirrung zu veranlassen und die Ordnung zu verderben«, heißt es im Proömium zum 3. Teil.[2] Es mangelte am gewissen Etwas (»quel certo che«).

Dies sieht Vasari nunmehr im Cinquecento erreicht, und das Verdienst dafür, dass sein Zeitalter selbst die Antike überragt, spricht er drei Künstlern zu: Leonardo, Raffael und Michelangelo. Im personellen Grundriss seiner Geschichtskonstruktion überstrahlt dieses Dreigestirn alle anderen. Ihnen gebührt das Epitheton »göttlich«: Leonardos Fähigkeiten sind »von Gott gespendet«, Raffael gilt als »sterblicher Gott«, Michelangelo ist mehr »himmlisches« als »irdisches« Wesen. Entscheidend für diesen laudativen Dreiklang ist nicht die faktische Alterskonstellation (Leonardo ist 1452, Raffael 1483,

2 Schorn/Förster, Bd. 3,1, 1843, S. VIII.

Michelangelo 1475 geboren), sondern die Zeit der direkten künstlerischen Auseinandersetzung in den ersten beiden Dezennien des Cinquecento, eine Phase, die Vasari selbst nicht unmittelbar erlebte.

Leonardo markiert den Auftakt des 3. Teiles; er habe »gute Regel, bessere Anordnung, richtiges Maß, vollkommene Zeichnung und überirdische Anmut in die Kunst« gebracht, mehr noch, er hauchte seinen Gestalten »Atem und Leben« ein.[3] Mit ihm entsteht die »maniera moderna«. Raffael von Urbino verleiht seinen Werken dann vollendete Grazie und zieht aus allen Vorzügen anderer durch eigene Erfindungsgabe die Summe. Dass Raffael im ersten Drittel der »terza età« platziert ist, erfolgt mit gutem Grund, denn dadurch wird ersichtlich, wie viele ihm nachgeordnete Künstler aus seiner Werkstatt hervorgehen oder seinem Ideal verpflichtet sind. Michelangelo schließlich, dessen Vita in der 1. Auflage den Schluss bildet, erhebt sich über alle antiken und neueren Künstler und selbst über die Natur; er verkörpert den Gipfelpunkt der Entwicklung aller drei Zeitalter. Es ist daher auch kein Zufall, wenn Vasari für das dritte Zeitalter die Vitenordnung so vornimmt, dass die teleologische Kunstentwicklung sich im Werk Michelangelos vollendet. In der 2. Auflage nimmt Vasari Michelangelos

3 Schorn/Förster, Bd. 3,1, 1843, S. XIII.

Absolutsetzung etwas zurück, da in Sammelkapiteln weitere noch lebende Künstler vorgestellt werden und Vasari sich nun nicht mehr scheut, eine Autobiographie anzuhängen.

## Giorgio Vasari

Anspruch und Denken Vasaris in den *Viten* lassen sich kaum verstehen, berücksichtigt man nicht seine eigene Biographie und Stellung als Künstler. Giorgio Vasari wurde am 30. Juli 1511 in Arezzo geboren. Arezzo war schon in der Antike berühmt für Keramikwaren, und auch Vasaris Großvater Giorgio de' Toldi war Töpfer (»vasaio«), weshalb er den Familiennamen in »de' Vasari« änderte. Der Vater Antonio sorgte für eine gründliche Schulausbildung des Sohnes durch Pollastra (Giovanni Pollio Lappoli), einen ehemaligen Sieneser Universitätslehrer, sowie für eine erste Lehrzeit beim Glasmaler Guglielmo de Marcillat. Als Anfang Mai 1524 Kardinal Passerini Arezzo besuchte, nutzte Giorgios Vater die Gelegenheit und ließ den Dreizehnjährigen einige Passagen aus Vergils *Aeneis* rezitieren. Mit Erfolg, denn Passerini, der in Florenz Statthalter der Medici war, fand Gefallen an dem aufgeweckten Jungen und nahm ihn mit nach Florenz, um für die Medici-Söhne Ippolito und Ales-

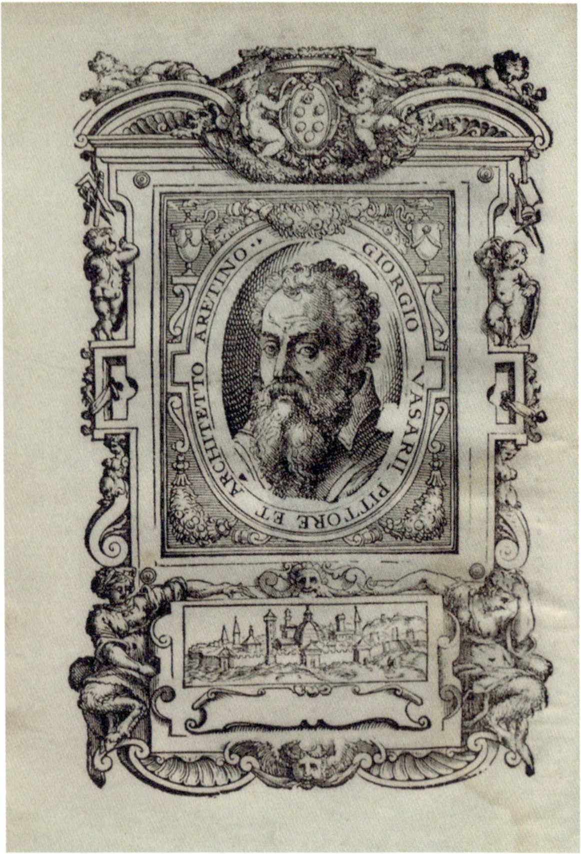


Giorgio Vasari. Holzschnitt aus der Ausgabe seiner *Vite* von 1568

sandro einen geeigneten Spielkameraden zu haben. Die Parallelität der Jugendgeschichte von Vasari und Michelangelo, bei der Redaktion der *Viten* sicherlich mit Bedacht literarisch überformt, fällt sogleich auf; sie kombiniert Vasaris Prädisposition zum Hofkünstler mit dem aus seiner Sicht für das Wohl der Künste beispiellosen Protektorat der Medici.

Vasari wurde die Gunst zuteil, mit den beiden Medici-Erben gemeinsam jeden Tag zwei Stunden durch Piero Valeriano unterrichtet zu werden. Neben dieser Förderung seiner literarischen Interessen fand der halbwüchsige Giorgio vor allem auch Eingang in die führende Malerwerkstatt in Florenz von Andrea del Sarto und zur Zeichenschule des Baccio Bandinelli. Die Lehrzeit hat gemischte Erinnerungen hinterlassen – positive, was die solide Ausbildung in Andreas Werkstatt anbelangt, negative hinsichtlich der Erfahrung mit dem unsteten Wesen seines Lehrers, das dem künstlerischen Erfolg auf die Dauer abträglich war, und vor allem in Bezug auf dessen in der 1. Ausgabe als eigensüchtig und zänkisch geschilderte Ehefrau, die selbst den qualvollen Pesttod ihres Mannes mitleidlos und unbeteiligt mitangesehen haben soll. Deutlicher jedoch als die Lehre bei Andrea del Sarto rückt Vasari seine Schülerschaft bei Michelangelo in den Vordergrund, wobei die Bewunderung mehr den Wunsch als die Wirklichkeit zum Ausdruck bringt, denn es ist unwahrscheinlich, dass Michelangelo, der in den fraglichen Jahren ab 1524 in Florenz war, ihm Aufmerksamkeit gewidmet hätte. Eher dürfte wohl der junge Giorgio die Arbeiten seines Vorbilds zwar regelmäßig, aber aus gebührender Distanz verfolgt haben, ohne mit dem Meister in nennenswerten Kontakt zu treten, zumal dieser bekanntlich schwierig im Umgang war und für Schüler wenig Geduld aufbrachte. Deutlich scheint hier Vasaris Absicht durch, seine Autorität als Biograph zu legitimieren.

Fast noch ein Knabe, nimmt Vasari in dieser Zeit bereits, wenn auch nur als Schüler, am literarischen Leben teil. Er genießt höchste Protektion, er sieht viel, und er lernt, sich auf die richtige Weise zwischen Hof und Werkstätten zu bewegen sowie die Vorzüge eines Höflings mit den Fertigkeiten eines Malers zu vereinen. Die Karriere als Hofkünstler scheint vorgezeichnet. Doch nach nur drei Jahren bricht 1527 erneut ein republikanischer Umsturz über die Medici herein. Zunächst flieht auch Vasari aus Florenz, und zwar nicht etwa nach Rom, wo die kaiserlichen Truppen beim Sacco di Roma wüten, sondern zurück in seine Heimatstadt Arezzo, wo familiäre Pflichten warten und wo er auch bald erste Aufträge erhält. Seit dieser Zeit führt Vasari sein *Libro delle ricordanze*, ein Auftragsbuch, worin er seine Gemälde sowie deren

Preise festhält. Es informiert über seine Karriere über vier Jahrzehnte hinweg.

Nachdem die Medici wieder als Machthaber von Florenz eingesetzt waren, arbeitet Vasari ab 1531 abermals in ihrem Auftrag. Als aber zunächst Ippolito (1535) unerwartet und dann auch noch Alessandro de' Medici (1537) durch ein Mordkomplott versterben, muss Vasari sich erneut nach neuen Auftraggebern umsehen. Seine Freundschaft mit dem Olivetanermönch Miniato Pitti führt dazu, dass er bald als bevorzugter Maler des Ordens in ganz Italien herumkommt. Auf diesen Reisen kann er auch viele Kunstwerke mit eigenen Augen sehen und Informationen sammeln, die später den Viten zugutekommen.

Mitte der 40er Jahre erhält Vasari seinen bislang größten Auftrag und freskiert ab März 1546 den großen Saal im Palazzo della Cancelleria in Rom mit Szenen aus dem Leben von Papst Paul III. Farnese. Hauptforderung des Auftraggebers Kardinal Alessandro Farnese ist, die Ausmalung schnell zu Ende zu bringen, und Vasari bewältigt die Arbeit in hundert Tagen, wie eine von Giovio stammende Inschrift versichert. Im römischen Kreis um Kardinal Farnese und dessen befreundete Humanisten sich zu bewegen, Abendgesellschaften beizuwohnen und in geistreiche Gespräche gezogen zu werden, entspricht Vasaris Naturell und Selbstverständnis, welchen gesellschaftlichen Stellenwert er dem Künstlertum inzwischen zumisst. Eben in dieser Zeit pflegt Vasari endlich näheren Kontakt zu Michelangelo. Seine späteren Äußerungen, mit dem Meister auf gutem Fuße zu stehen, beziehen sich auf diese römischen Jahre. In Michelangelos Briefen an »Messer Giorgio« schwingt hingegen häufig eine gewisse ironische Distanz zur Servilität seines Bewunderers mit.

Nach dem Tod von Papst Julius III. (1550–55), der ihn mit Aufträgen in Rom gehalten hatte, erhält er von Cosimo I. de' Medici das Angebot, florentinischer Hofkünstler zu werden. Vasari nimmt an. In den folgenden zwei Jahrzehnten steht die Kunstentwicklung in Florenz unter seiner Ägide. Er führt Malereien aus, entwirft die Dekorationen ganzer Raumfolgen, organisiert die große Schar der im Dienste des Hofes stehenden Künstler, liefert architektonische Entwürfe ab und bewährt sich schließlich auch als Regisseur und Organisator von Festen. Weites Aufsehen erregen die Feierlichkeiten bei der Bestattung Michelangelos 1564. Ein Jahr später glänzt er als Festregisseur bei der Hochzeit von Francesco de' Medici 1565. Er bewegt sich in den führenden Literatenkreisen und spielt auch eine Hauptrolle bei der Konstitution der Florentiner Accademia del Disgeno (1563), jener so bedeutenden ersten Kunstakademie. Diese letzten zwei Jahrzehnte seiner Karriere sind eine Erfolgsgeschichte, kein noch so komplexer Auftrag, der nicht von ihm in Angriff genommen worden wäre, keine künstlerische Herausforderung, der er sich nicht gestellt hätte. Mit der 2., inhaltlich stark vermehrten Auflage seiner *Viten* 1568 setzt er sich selbst ein Denkmal. Damit nicht genug, schickt er sich im Alter noch an, die gigantische Kuppel im Florentiner Dom auszumalen, obwohl ihm doch schon das Treppensteigen so beschwerlich geworden ist, dass er in einem Korb nach oben gezogen werden muss. Zahlreiche Vorzeichnungen sind schon entstanden, die ersten Tagwerke in Angriff genommen, doch mit der weiteren Ausführung hat Vasari sich übernommen. Über der Arbeit stirbt er am 27. Juni 1574.

## Die Tradition der Vitenbücher und Vasaris Quellen

In der Renaissance lebt die antike Tradition der Vitenschreibung wieder auf. Petrarca leitet mit seinem Werk *De viris illustribus* die lange Reihe der humanistischen Vitenbücher ein, in denen Staatsmänner, Kirchenfürsten, Feldherren und Gelehrte zu einer exempelhaften Versammlung staatstragender Personen vereinigt werden. Der Verweis auf den Stand und gentiles Herkommen, aber auch humanistische

Bildung und aristokratische Erziehung verknüpfen die unterschiedlichsten Verdienste zum Idealbild des »uomo universale«. Im 16. Jahrhundert ist diese Literaturgattung besonders von Paolo Giovio geprägt, der sich seit den 1520er Jahren der Viten- und Elogenschreibung widmete, parallel dazu aber auch eine Bildnissammlung der »viri illustres« seiner Zeit in seinem Haus in Como zusammentrug, in der auch Künstler vertreten waren. Er plante, seine Elogen mit graphischen Porträts zu versehen. Vasaris Einschätzung, Leonardo, Raffael und Michelangelo würden seine »età« prägen, ist nicht neu, denn schon Giovio ermisst deren Bedeutung, weshalb er einzig ihnen kurze Lebensbeschreibungen widmete (entstanden um 1527). Das gesteigerte Interesse an »vera effigies« (›wahrhaftigen Bildern‹) bedeutender Menschen zeitigte bereits 1497 mit dem Büchlein *De plurimis claris sceletisque mulieribus* von Jacobus Foresta von Bergamo ein frühes Beispiel für ein Bildnisvitenbuch. Raffaels antiquarischer Lehrmeister Andrea Fulvio veröffentlichte 1517 seine *Imagines illustrium* mit graphischen Münzbildnissen von Alexander bis Augustus.

Vasari konnte bei der Konzeption seiner *Viten* hieran anknüpfen. Im stolzen Bewusstsein dessen, dass die Künstler mittlerweile einen eigenen Stand darstellen, dem historische Verdienste zukommen, nützt er die panegyrische Grundstruktur der Elogen und erweitert sie zu Biographien, deren lockere Vermengung von Personeninformation, Kunstbeschreibung und Raisonnement diesem literarischen Genre insgesamt einen neuen Impuls vermittelt. In der Art der Novellen seit Boccaccio werden zahlreiche Lebensläufe mit Anekdoten gespickt, einzelne Episoden gewinnen sogar gleichnishaften Charakter über die Natur des Menschen, insbesondere des Künstlers. Dabei streut er verschiedene Topoi in die literarische Grundierung seines Bildes vom Renaissance-Künstler ein, etwa die erstaunlichen Talentproben in verschiedenen Kindheitsgeschichten, vergleichbar jenen Prädestinationen, die in Heiligenviten häufig ausgeschmückt sind, oder die Übertrumpfung des Lehrers durch den Schüler oder das stetig erstarkende Bewusstsein, eine freie Kunst auszuüben und somit aus dem Schatten der Artes mechanicae herauszutreten, um wie Leonardo die Kunst in den Rang einer Wissenschaft zu heben.

Neben der genannten Vitenliteratur stützt Vasari sich auch auf Chroniken, historisches Schrifttum aller Art, Mirabilienbücher bedeutender Städte und natürlich Schriften zur Kunst mit biographischen Informationen. Älteste und in Florenz geläufige Quelle dürfte ihm das *Libro dell'arte* des Cennino Cennini gewesen sein, das in den 1390er Jahren geschrieben wurde. Über die dort dargelegten technischen Ratschläge hinaus konnte er daraus jedoch nicht viel Vitenmaterial gewinnen. Kurz danach, um 1400, ist die kleine Schrift *De origine civitatis Florentiae et eiusdem famosis civibus* des Filippo Villani anzusetzen, in der auch florentinische Künstler gewürdigt werden. Weit ergiebiger sind dann die *Commentarii* Lorenzo Ghibertis (um 1447), ein Traktat in drei Teilen, der im Manuskript kursierte und der über Werkstattpraxis, über Optik und vor allem im zweiten Kommentar über Künstler und deren Werke handelt. Vasari hat den Traktat 1529 intensiv im Haus von Ghibertis Enkel studiert. Eine zentrale Stellung nimmt darin Ghibertis eigene Autobiographie ein, die den ersten Text dieser Art eines Künstlers überhaupt darstellt.

Erst im Cinquecento erfährt die Darstellung von Künstlerleben größeres Interesse. Eine weitere wichtige Quelle ist der *Libro* des Antonio Billi, so benannt nach dem bezeugten Besitzer, der möglicherweise auch der Autor des Manuskripts war, in dem sich ein Konglomerat von Notizen aus der Zeitspanne zwischen 1481 und 1530 in der Reihung von Viten gesammelt findet. Möglicherweise noch vor dem Sacco di Roma (1527) entstanden die kurzen Elogen Paolo Giovios, die er Leonardo, Raffael und Michelangelo widmete. Um 1545, also zeitlich parallel zu Vasaris Arbeit an den *Viten*, ist eine anonyme Vitensammlung anzusetzen, die aufgrund ihres Archivstandortes in Florenz *Anonimo Magliabecchiano* (auch *Gaddiano*) genannt wird. Auch hierbei handelt es sich um künstlerbiographische Kollektaneen, teils notizenhaft und verworren zusammengestellt, teils mit bruchstückartigen Erwähnungen, die ebenso wenig wie der *Libro* des Billi an einen Künstler als Autor denken lassen als vielmehr an einen Amateur. Literarisch höher einzustufen sind die ebenfalls Manuskript gebliebenen, in die späten 1540er Jahre zu datierenden *Vite d'artisti* von Giovanni Battista Gelli (1498–1563), einem Florentiner Literaten, der durch seine Burlesken, aber auch seine Dante- und Petrarca-Kommentare von Bedeutung ist. Sein Text bricht jedoch noch im Quattrocento ab. Die konkreten Textvorlagen (Giovio, *Anonimo Magliabecchiano*) geben also für die Ausgabe von 1550 denkbar wenig Material ab. Überblickt man die genannten und sonstige relevante Quellen, so erweist sich das Faktenmaterial, auf das Vasari zurückgreifen konnte, als disparat, vor allem aber konnte er daraus wenig Anregung zur systematischen Strukturierung seiner Viten gewinnen. Über die reine Materialsammlung hinaus muss Letzteres als seine eigenständige Leistung angesehen werden.

## Die Ausgaben: Torrentiniana (1550) und Giuntina (1568)

Die 1. Ausgabe der Viten erschien im Mai 1550 bei dem Verleger Lorenzo Torrentino in Florenz. Vasari selbst berichtet von der Episode, aus der heraus das Buch entstand: Zur Ausmalung des Hauptsaales im Palazzo della Cancelleria, später aufgrund der nur hundert Tage dauernden Ausführung der Malereien Sala dei Cento Giorni genannt, hält sich Vasari 1546 in Rom auf, wo er auch regelmäßiger Gast bei den Abendunterhaltungen seines Auftraggebers Kardinal Alessandro Farnese ist. Bei einer solchen Gelegenheit berichtet im Juni 1546 Giovio von seinem Plan, eine Vitensammlung der bedeutendsten italienischen Maler seit Cimabue zusammenzustellen, da er ohnehin gerade mit seiner Vitensammlung zu berühmten Männern befasst sei. Vasari rät ihm zunächst nur, sich in praktischen Fragen Rat von Künstlern einzuholen, und erbietet sich sogleich, eigene Notizen über Künstler, die er seit geraumer Zeit gesammelt hatte, zur Verfügung zu stellen. Nach Begutachtung dieser Notizen durch den Bischof lässt sich Vasari überreden, selbst ein solches Vitenwerk zu verfassen, zumal Giovio von seiner eigenen Vitensammlung der *Uomini illustri* (1548 erschienen) zu sehr in Anspruch genommen ist.

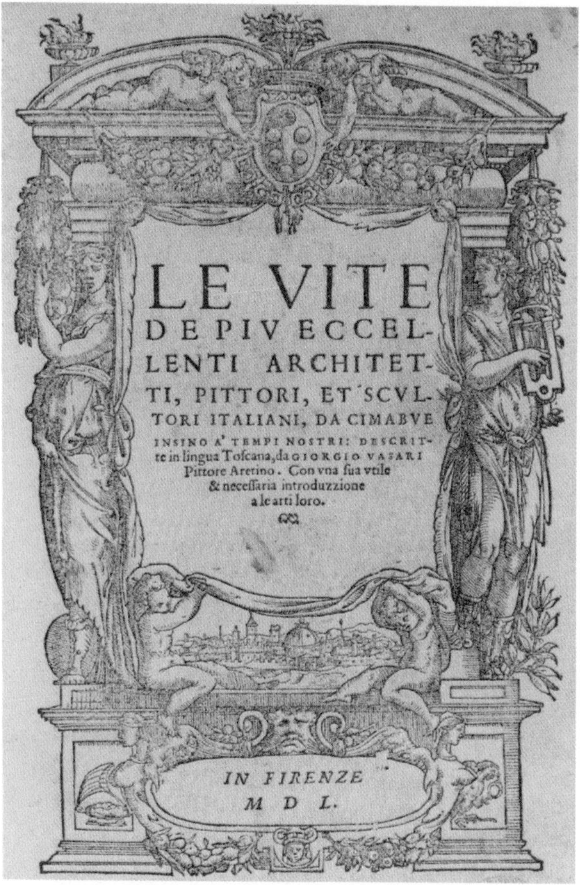

LE VITE
DE PIV ECCEL-
LENTI ARCHITET-
TI, PITTORI, ET SCVL-
TORI ITALIANI, DA CIMABVE
INSINO A' TEMPI NOSTRI: DESCRIT-
te in lingua Toſcana, da GIORGIO VASARI
Pittore Aretino. Con vna ſua vtile
& neceſſaria introduzzione
a le arti loro.

IN FIRENZE
M D L.

Titelseite der Ausgabe von 1550

Zu diesem Zeitpunkt darf daher Vasaris Entschluss, die *Viten* zu verfassen, angenommen werden. Der Beginn der Arbeiten setzt schon einige Jahre früher ein, vielleicht 1543, denn die von Vasari vorgelegten Notizen müssen bereits eine Form besessen haben, die es Giovio und dann auch Kardinal Farnese als gute Wahl erscheinen ließ, dass Vasari selbst als Schriftsteller tätig werde. Ein anderer Umstand lässt an der Zeitangabe für die Tischrunde beim Kardinal Farnese zweifeln, denn Vasari nennt als einen Anwesenden den Dichter Francesco Maria Molza, der aber bereits im Februar 1544 verstorben war, so dass, wenn kein simpler Irrtum vorliegt, die Begebenheit möglicherweise schon im Juli 1543 stattfand, bevor Vasari Rom in Richtung Lucca und Florenz verließ. In einem Brief zum Widmungsexemplar der 1. Auflage an Cosimo I. vom 8. März 1551 bezeichnet Vasari dann das Buch als Ergebnis von zehn Jahren Mühe. Insofern darf man davon ausgehen, dass Vasari die eigentliche Entstehungsgeschichte literarisch überformt hat, sei es, um durch die angedeutete Kürze der Arbeit Respekt zu ernten, sei es, um durch den erlauchten Kreis der Inspiratoren das eigene Werk bedeutungsvoller zu machen.

Sicher ist, dass am 8. Juli 1547 Vasari berichtet, das Werk beendet zu haben. Noch im Oktober nimmt er das Manuskript mit nach Rimini, wo er bei den Olivetanermönchen einen Auftrag auszuführen hat, um durch seinen Freund Don Gianmatteo Faetani, den Prior der Olivetaner, eine Reinschrift anfertigen zu lassen. Faetani dürfte in dieser Phase der Redaktion jedoch kaum mehr wesentlichen Einfluss auf den Text ausgeübt haben. Aufschlussreich ist der Vorabkommentar von Annibale Caro, einem berühmten Literaten und Mitglied jener Runde bei Kardinal Farnese, dass Vasaris Stil genau richtig für Bücher dieser Art sei, nämlich jener der treffsicheren gesprochenen Sprache (»a punto come il parlare«). Es fällt auf, dass Vasaris Sprache von 1550 auf 1568 eine Wandlung aufweist. Er selbst betont in selbstgefälliger Bescheidenheit, er wisse besser den Pinsel als die Feder zu gebrauchen, und deshalb habe er sich auch nicht um Schönheit der Worte oder Wohlgefälligkeit der Satzperioden bemüht. Freilich verraten Stil und Ausprägung des Volgare, dass er mit den zeitgleichen Bestrebungen unter Cosimo I., die toskanische Sprache zu nobilitieren, bestens vertraut ist. Die endgültige Drucklegung überwachten immerhin die führenden Florentiner Literatenfreunde Cosimo Bartoli und Pierfrancesco Giambullari. Außerdem tritt Vasari bereits in der Endphase der Redaktion zur *Torrentiniana* mit Vincenzo Borghini in Kontakt und gibt ihm den ungewöhnlich ausführlichen Index zur Durchsicht.

Das Aufsehen bei Erscheinen des Buches ist enorm; sogleich wird erkannt, dass man es mit einem epochalen Werk zu tun hat. In die zahlreichen Lobeshymnen mischen sich bald auch kritische Stimmen, die nicht nur Fehler aufzeigen, sondern vor allem auch den unverhohlenen Lokalpatriotismus Vasaris (»campanilismo«) anprangern, durch den die Würdigung oberitalienischer und besonders venezianischer Künstler völlig zu kurz kommt. Vasari leitet darin allerdings eine tiefere Motivation, denn für ihn zeigt diese Gewichtung auch die Überlegenheit seiner Auffassung von »disegno« im Gegensatz zum venezianischen Kolorismus. Die fundamentale Opposition zwischen »disegno« und »colore«, von Zeichnung und Farbe, die Vasari in den *Viten* propagiert, stellt einen Kardinalfall kunstakademischer Streitkultur dar und wird schließlich mit immer wieder neuen Varianten bis ins 19. Jahrhundert hinein die Gemüter erhitzen. Und es ist letztlich Vasari zuzurechnen, dass Tizian einen Sonderfall darstellt und nicht in einem Atemzug mit Leonardo, Raffael und Michelangelo genannt wird.

Früh schon muss sich Vasari mit dem Gedanken an eine revidierte Neuausgabe getragen haben. Nicht nur, dass er seine Materialsammlung ständig vermehrt, es verstarben zudem gerade in jenen Jahren einige Künstler. Auch legt ihm die neuere Entwicklung nahe, das alte Konzept aufzugeben und noch lebende Künstler, deren Bedeutung schon deutlich genug geworden ist, aufzunehmen. Für die geplante 2. Ausgabe ist Vincenzo Borghini (seit 1551 Prior am Findelhaus in Florenz) dann der Spiritus Rector. Borghini weilt oft außerhalb von Florenz, was einen regen Briefwechsel zwischen ihm und Vasari zeitigt. Die Wiederentdeckung der umfangreichen Korrespondenz Vasaris gegen Ende des 19. Jahrhunderts war eine Sensation, doch durch den Streit um das Recht der Veröffentlichung auch ein unrühmlicher Fall von Gelehrtenzankereien. Jedenfalls macht der Nachlass die einzelnen Phasen der Neuausgabe gut nachvollziehbar. Schon die Umstellung im Titel der beiden Ausgaben (vgl. das Literaturverzeichnis) signalisiert die verschobene Gewichtung, denn mit der umfangreichen Aufnahme zeitgenössischer Künstler schwillt nicht nur der 3. Teil enorm an, sondern nun rücken die Maler entschieden in den Vordergrund.

Während Vasari für die 1. Ausgabe, die *Torrentiniana*, ein abgeschlossenes und redigiertes Manuskript zum Druck gibt, das Werk als Ganzes in seiner Struktur somit auch überschaubar ist, lässt er den Text der 2. Ausgabe in mehreren Folgen ab 1564 drucken, jetzt aber beim Verleger Giunti. Seine historiographischen Leitlinien behält er im Wesentlichen bei, weite Abschnitte der *Giuntina*, besonders diejenigen

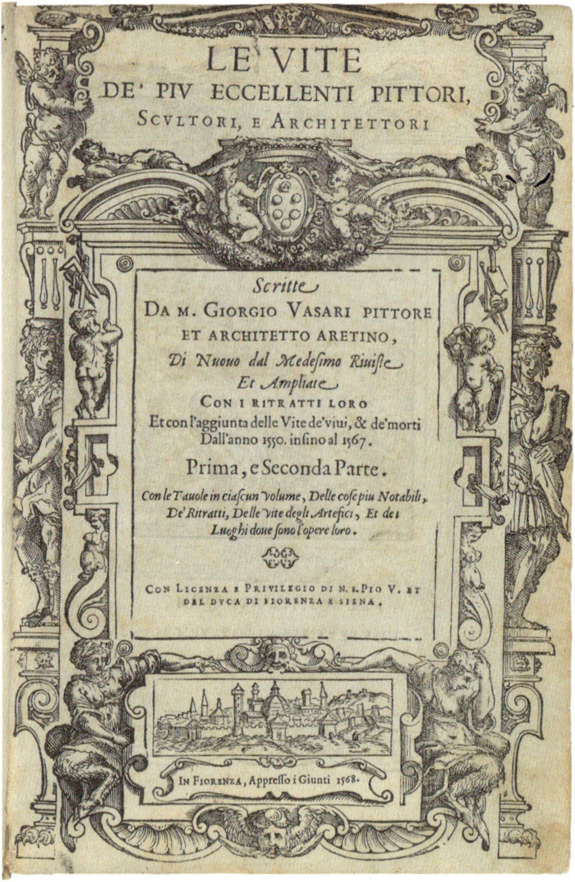

LE VITE
DE' PIV ECCELLENTI PITTORI,
SCVLTORI, E ARCHITETTORI

Scritte
DA M. GIORGIO VASARI PITTORE
ET ARCHITETTO ARETINO,
Di Nuouo dal Medesimo Riuiste
Et Ampliate
CON I RITRATTI LORO
Et con l'aggiunta delle Vite de'viui, & de'morti
Dall'anno 1550. insino al 1567.
Prima, e Seconda Parte.
Con le Tauole in ciascun volume, Delle cose piu Notabili,
De'Ritratti, Delle vite degli Artefici, Et dei
Luoghi doue sono l'opere loro.

CON LICENZA E PRIVILEGIO DI N. S. PIO V. ET
DEL DVCA DI FIORENZA E SIENA.

IN FIORENZA, Appresso i Giunti 1568.

Titelseite der Ausgabe von 1568

zu den neu hinzugekommenen Künstlern, konnten im Gesamtaufbau allerdings keiner ordnenden Übersicht mehr unterzogen werden. Dadurch ergeben sich Einschübe bei diversen Künstlern zu erwähnenswerten technischen Aspekten, die in den eigentlichen Technikkapiteln der allgemeinen Einleitung nicht mehr nachträglich eingefügt werden konnten. Besonders Michelangelos Vita erfährt eine entschiedene Erweiterung, indem mehr Aussprüche Michelangelos, allerlei persönliche Dokumente wie Briefe und Gedichte ausführlich eingeflochten werden, stets mit der Versicherung, die Informationen aus erster Hand zu haben, was darin gipfelt, dass Vasari, um seine Glaubhaftigkeit zu untermauern, sogar Familienurkunden der Buonarroti einsieht und mitteilt. Allein schon diese Tatsache und der Umstand, dass vieles der Nachprüfung standhält, haben Vasari den Ruf als erster Kunsthistoriker (der freilich mit ganz anderen Prämissen ans Werk geht) eingebracht.

## Nachwirkung

Eine unmittelbare Reaktion auf Vasaris Erstausgabe der *Viten* war gewissermaßen der 1557 erschienene Traktat *Dialogo della pittura intitolato l'Aretino* von Lodovico Dolce, der eine allgegenwärtige Frage erörterte, nämlich ob Raffael oder Michelangelo der Vorrang gebühre. Abgesehen von den Argumenten für und wider ist es bezeichnend, dass nun das Laienurteil das Wort ergreift und sich, durchaus an Vasari geschult, Respekt verschaffen will. Hinter dem Traktat steht Pietro Aretino, der berühmt-berüchtigte Publizist der Renaissance. So wie jener als Ahnherr der »Revolverpresse« gelte, so habe Vasari im Bereich der Kunst eine Geschmacksdiktatur ausgeübt und das »Schauspiel der Geburt der Kritik aus der schöpferischen Impotenz« geboten.[4] Ähnlich der gefürchteten Feder Aretinos habe Vasari in seinen Viten verschiedene Künstler gepriesen oder unmöglich gemacht, so dass diejenigen, die von ihm mit einem negativen Grundton in der Vita bedacht wurden, für die nächsten Jahrhunderte belastet waren. Auch wenn man Friedells süffisant-abschätzigem Urteil über Vasaris schöpferischen Charakter nicht beipflichten mag, so wird man doch zustimmen, dass Vasari in der Geschichte der Kunstkritik eine wichtige Rolle spielt, wenn auch bei ihm, im Gegensatz zu Aretino, der Konflikt, der später Künstler und Kritiker in ein gespanntes Verhältnis versetzen wird, noch keiner ist.

4 Egon Friedell, Kulturgeschichte der Neuzeit, München 1984, S. 191.

In der Folge entstehen in Italien zahlreiche lokale Künstlervitensammlungen. Bis weit ins 18. Jahrhundert hinein gehören sie neben den eigentlichen Kunsttraktaten zu den wichtigsten Quellen der Kunstgeschichte, nicht allein wegen ihrer (nicht immer zuverlässigen) Werkinformationen, sondern eben auch wegen der Vasaris Beispiel verpflichteten Kombination von Lebensschilderung und kunsttheoretischen Ansichten. Giovanni Baglione (1642), Giovanni Battista Passeri (um 1673–79), Giovanni Pietro Bellori (1672), Filippo Baldinucci (1681) und Lione Pascoli (1730–36), um nur die wichtigsten zu nennen, tradieren in Italien das bekannte Prinzip zu einer fortlaufenden Künstlerchronik der Neuzeit. Von Vasari angeregt, griff man auch im Ausland die Vitenschreibung auf. Das nach Vasari anspruchsvollste Unternehmen dieser Art stammt von dem Flamen Karel van Mander (1548–1606), einem in Haarlem ansässigen Maler, der seine Gelehrsamkeit im *Großen Malerbuch* (1604) mit einer Zusammenstellung der berühmten nordalpinen Maler ausbreitet. Ihm verdanken wir ein ganzes Panorama zur niederländisch-flämischen Malerei. Frankreich zog mit André Félibien (1666), Roger der Piles (1681) und Antonin Dézallier d'Argenville (1745) nach. Für den deutschen Bereich besorgte dies Joachim von Sandrart mit seinem Werk *L'Accademia Tedesca della Architettura,*

*Scultura et Pictura: Oder Teutsche Academie der Edlen Bau-, Bild- und Mahlerey-Künste* (1675–76), worin er nicht nur deutsche Künstler vorstellt, sondern auch didaktische Kapitel für die Künstlerausbildung einfügt, um nun auch den in Deutschland von ihm stark geförderten Akademiebestrebungen ein Lehrbuch zu bieten.

Alle genannten Autoren und noch viele mehr folgen im Allgemeinen dem Muster Vasaris, auch wenn jeweils lokale und modische Aktualisierungen die ästhetischen Überlegungen diktieren. Mit dem Bericht über die Kindheit und Jugend eines Künstlers werden oft topische Anekdoten über erstaunliche Talentproben und die damit erwiesene künstlerische Berufung verknüpft, wonach die Schilderung des Lebens mit einer Aufzählung wichtiger Werke folgt, um schließlich in eine übergreifende Schilderung der Persönlichkeit, nicht selten auch in eine Skizze ihrer Zeit und Umwelt zu münden. Zwei Grundzüge der sozialen Charakteristik kehren regelmäßig wieder: einmal der Aufstieg aus niederer Herkunft zu Ruhm, Ehren oder sogar Nobilitierung, zum anderen die schon vorhandene aristokratische Herkunft der Künstler, wodurch insgesamt ein aufwertendes Licht auf den Künstlerstand fällt, indem Berufung und Beruf idealtypisch zusammentreffen.

Erst Mitte des 18. Jahrhunderts wird Vasaris Modell

überwunden. Diderot eröffnet mit seinen Salonbesprechungen der Kunstkritik neue literarische Dimensionen. Für den Entwurf einer Geschichte der Kunst ist es dann Johann Joachim Winckelmann mit seiner *Geschichte der Kunst des Altertums* (1764), der zwar das biologistische Modell von Jugend, Reife und Alter einer Epoche aufgreift, jedoch konsequent umdenkt zu einem Geschichtsverlauf der sich ablösenden Epochen, in denen nunmehr Stil- und Darstellungsprobleme die Einheit bilden und nicht mehr das individuelle Werk den Gang der Geschichte diktiert. Die Geschichte ist nun die Lehrmeisterin der Kunst, und in ihr geht das einzelne Künstlerleben auf. So sehr Winckelmann auch Vasari in vielem verpflichtet ist, aus seinem Werk spricht eine neue Kunstanschauung, nun hängt die Kunst »von der Zeit und ihren Veränderungen ab«.

# Inhalt